KB270143

스물다섯, 새우잠을 자도 고래꿈을 꾸어라

국내 최고의 커리어 코치가 전하는
'취업과 성공의 비밀'

스물 다섯, 새우잠을 자도 고래꿈을 꾸어라

박예진 · 신철호 지음

중앙books
JoongAng Ilbo

스물다섯,
지금 나의 스펙으로
평생 먹고살 수 있을까?

스물다섯 살의 현실은 늘 새우잠이다. 내일에 대한 불안감 때문에 잠도 편히 잘 수 없다. 언제쯤 두 발을 뻗고 잠잘 수 있을지 스물다섯 살의 하루하루는 고달프기만 하다.

스물다섯 살이 초조한 하루하루를 보내는 이유는 간단하다. 자신의 미래에 대한 확신이 부족하고 일을 추진하는 데 두서가 없었기 때문. 처음부터 모든 것을 다시 시작하기에는 20대 초반처럼 마음이 여유롭지 않고, 지금까지 해 오던 대로 밀어붙이기에는 특별한 성과가 보이지 않기에 막연하고 답답한 것이다.

스물다섯. 치열한 입시 전쟁을 지나 대학에 입학한 후 늘 뭔가 해 보기 위해 꾸준히 시도는 해 왔으나 눈에 드러나는 성과는 없는 나이. 게다가 미래는 더더욱 예측하기 힘든 시기. 졸업과 취업을 목전에 두었기에 가족이나 친척 등 주변 사람들의 압박도 상당하다.

대학에서 커리어 코치를 하고 있는 내 주변에도 막상 졸업하기가 두렵거나 스펙이 변변치 않다는 이유로 휴학을 하거나 방황하는 스물다섯 살이 참 많다. 이 시기에는 누가 옆에서 딱히 뭐라고 하지 않아도 이미 스스로 미래에 대한 심적인 부담감을 갖는다. 게다가 당장 눈앞에 닥친 취업에 대한 압박감은 아직 한창 젊은 나이의 스물다섯 살들을 자괴감과 피해 의식에 빠지게 할 정도로 극심하다.

그래서 나는 이 책의 제목을 '스물다섯, 새우잠을 자도 고래꿈을 꾸어라' 라고 지었다. 이 땅의 스물다섯 살들의 현실이 비록 몸을 잔뜩 웅크린 채 새우잠을 자는 것처럼 고달프고 힘들지만, 자신이 무엇을 원하는지를 명확히 알고 이를 위해 자신만의 무기인 '화려한 스펙'을 뛰어넘는 '특별한 콘텐츠'를 개척해 나갈 수 있다면, 곧 넓은 세상, 바다를 평정할 수 있는 고래로 클 수 있다는 의미다. 그만큼 스물다섯 살의 앞날은 충분히 희망적이다.

스펙에 대한 오해와 진실

요즘 스물다섯 살들은 자신의 스펙이 형편없다는 생각에 잠을 설친다. 대학 1·2학년을 마음 편하게 보내고 어영부영하는 사이 졸업반이 된다. 물론 그동안 학과 공부, 아르바이트, 봉사 활동, 동아리 활동 등으로 나름대로는 꽤 바빴을 것이다. 그러나 정작 졸업반이 되면 발등에 불이 떨어졌다는 마음에 '지금까지 난 도대체 뭘 하며 이렇게 시간을 낭비했을까' 하는 후회감에 쉽게 빠진다. 그래서 뒤늦게 허둥지둥 스펙 쌓기에 몰두한다. 스펙만 쌓으면 지금의 답답함이 해소될 것만 같다.

하지만 이것은 큰 오해와 착각에 불과하다. 취업을 하기 위해, 그리고 보장된 미래를 위해 스펙을 쌓는 일이 능사라고 생각하는 것은 너무나도 한시적인 생각일 뿐이라는 사실을 스물다섯 살들은 아직도 모르는 듯하다.

물론 요즘에는 스터디 구하기가 취업하기보다 더 어렵다는 말이 돌 정도로 함께 공부하는 사람을 선별할 때도 스펙이 중요한 기준이 되고 있다. 어떤 기업이든 일단 서류라도 디밀기 위해서는 기본적인 스펙이 필요한 것도 사실이다. 하지만 여기에는 중요한 맹점이 있다.

스펙을 쌓는 이유가 다만 좋은 회사에 들어가기 위해서라면 그만큼 부질없는 것도 없다. 단순히 눈에 보이는 점수를 높인다고 좋은 회사에 들어간다는 보장도 없을뿐더러 이는 자신의 자질과 재능까지도 무시하는 일이나 다름없기 때문이다.

정말 운이 좋아 회사에 들어간다 해도 마찬가지다. 자신만의 특별한 능력이 없는 사람은 조직에서 낙오되기 쉽다. 튀는 사람이 되라는 이야기가 아니라, 빛 좋은 개살구처럼 겉만 번지르르하고 알맹이가 없는 사람은 어디서든 오래 버티기 힘들다는 뜻이다.

토익 고득점자가 넘쳐 나고 어학연수 정도는 마치 옆 동네 다녀오는 것처럼 쉽게 다녀오는 요즘 같은 상황에 막연한 스펙 쌓기가 취업에 얼마나 도움이 될까? 그리고 지금까지 열심히 쌓아 온 스펙이 과연 자신의 앞날에 얼마나 도움이 될 수 있을지 심각하게 고민해 본 적이 있는가?

스펙이 높다는 것이 취업하는 데 어느 정도 이점으로 작용하기는 하겠지만 스펙도 도토리 키 재기처럼 비슷비슷한 요즘, 자신을 부각시킬 만한 특별한 무기가 반드시 필요하다.

특별한 무기란 '스펙을 뛰어넘는 콘텐츠'다. 자신을 대변할 수 있는 특별한 콘텐츠가 바로 여러분에게 필요한 '진정한 스펙'이라는 뜻이다. 그리고 이 '진정한 스펙'만이 막연한 앞날에 대한 명확한 길을 제시해 줄 수 있다.

지금까지 열심히 쌓아 온 스펙을 모두 버리라는 이야기는 아니다. 다만 지금도 시간과 열정을 투자하여 쌓고 있는 스펙이 과연 자신이 원하는 미래를 위한 진정한 투자인지, 아니면 헛된 낭비인지를 제대로 따져 보아야 한다는 뜻이다. 지금까지 매달려 온 스펙으로 진정 나 자신이 '평생 밥을 먹고살 수 있을까'를 재점검해 보아야 한다는 의미다.

평생 먹고살 수 있는 진정한 스펙의 소유자, 프로틴

내가 이 책을 통해 일관되게 강조하는 콘텐츠란 사회적으로 쓸 만한 개인의 특성이나 전문성을 뜻한다. 사회는 이제 남들 다 가진 스펙보다는 자신만의 특별한 콘텐츠를 보유한 사람을 원하고 있다.

현재 국내 유수의 기업들도 이런 콘텐츠를 보유한 인재상을 내세운다. 예를 들어 A 기업은 창조성을 갖춘 인재를, B 기업은 기본에 충실한 인재를, 또 C 기업은 글로벌 마인드를 갖춘 인재를 원한다. 취업을 하기 위해서는 높은 영어 점수나 훌륭한 학벌과 같은 스펙도 배제할 수 없겠지만, 일단 기업은 기본적인 소양과 다양한 역량을 갖춘 인재를 선호한다는 뜻이다.

나는 이 책에서 이런 자신만의 콘텐츠를 가지고 있으며 스스로 끊임없이 진화하는 인재를 '프로틴Protean' 이라는 개념으로 명명했다.

프로틴은 그리스 신화에 등장하는 바다의 신 프로테우스Proteus 에서 따온 말로, 자신의 모습을 마음대로 바꿀 수 있는 능력을 지닌 사람을 의미한다. 커리어 이론가인 더글러스 홀은 '프로틴 경력' 이라는 용어를 사용하여 조직과 사회가 원하는 인재상이 바로 프로틴이라고 설명했다.

쉽게 말해 프로틴이란 자신이 처한 상황에 유연히 대처하여 스스로를 긍정적으로 발전시킬 줄 아는 인재를 일컫는다. 요즘처럼 다양한 역량을 필요로 하는 사회가 간절히 바라는 인재상인 것이다.

최근 기업들의 상황이 어려운 것은 사실이지만 그렇더라도 인력은 지속적으로 필요하다. 기업들이 구조 조정을 하고 명예퇴직을 시키는 이유도 기업이 진정으로 원하는 인재를 채용할 룸을 갖기 위해서다. 프로틴은 자리는 없는데 구직자만 넘쳐 나는 요즘 시대에 스물다섯 살들에게 어필할 수 있는 틈새시장과도 같다.

스물다섯 살의 스펙을 완성시키는 조건, 3C

그렇다면 프로틴으로 거듭날 수 있는 조건에는 어떤 것들이 있을까? 나는 이 책에 자신만의 콘텐츠로 스스로의 커리어를 성공적으로 구축한 프로틴들을 소개했다. 또한 한 사람이 자신의 일을 선택하고 경영진의 자리에까지 오를 수 있었던 핵심적인 콘텐츠를 개인별로 하나씩 소개했다.

이 콘텐츠들은 목표를 어떻게 세워야 할지 몰라 방황하는 스물다섯 살들이 진정한 스펙을 완성시키기 위해 갖추어야 할 기본 조건으로, 크게 세 가지 영역인 3C로 구분된다.

첫째, 일단 무엇을 하든 자신의 목소리에 귀를 기울일 줄 알아야 한다는 점이다. 자신이 어떤 것에 흥미를 가지고 있으며 장차 어떤 일을 하고 싶은지에 대한 개념이 없다면, 무슨 일을 하든 금세 싫증을 내거나 지치기 쉽다. 즉 개인 역량Competency을 키워야 한다는 의미다. 여기에는 흥미, 목표, 스킬, 전문성, 비전 등의 콘텐츠가 필요하다.

둘째, 자신이 속한 조직 안에서는 꽉 막힌 천재보다는 모두가 좋아하는 바보가 되는 편이 낫다는 것이다. 요즘 각 기업은 '튀는 인재'보다는 어떤 상황에서도 돌출 행동을 하지 않고 그 상황을 유연하게 넘길 수 있는 인재를 원한다. 이는 곧 조직에서의 경쟁력Competitiveness을 높여야 한다는 의미다. 여기에는 비전과 주인 의식, 커뮤니케이션 능력, 인성, 실행력 등의 콘텐츠가 필요하다.

셋째, 아무도 거들떠보지 않는 우물 안 개구리에서 벗어날 줄 아는 사람이 되어야 한다. 자신의 범주를 한정 짓고 그 안에서만 활동하는 사람이야말로 요즘 같은 시대에 어울리지 않는 고루하고 따분한 사람이다. 글로벌 시대가 요구하는 기여도Contribution를 상승시키는 사람만이 어디서든 소통할 수 있고, 이를 통해 자신을 발전시켜 글로벌 시대가 요구하는 인재로 거듭날 수 있다. 여기에는 글로벌 마인드, 도전 정신, 창의력, 글로벌 스탠더드, 환원 등의 콘텐츠가 필요하다.

이 책에 소개하는 이 콘텐츠들은 결코 거창한 개념이 아니다. 누구나 자신의 경우에 쉽게 적용할 수 있는 명확한 개념들이다. 이 개념들을 모두 숙지하고 자신에게 잘 적용시킬 수 있다면, 어디서나 인정받는 인재의 기본 조건을 갖추는 셈이다. 이것이 바로 스스로에게 피와 살이 되어 평생 밥을 먹여 줄 수 있는 진정한 스펙이다.

이제 괜찮은 스펙만 갖추면 쉽게 취업할 수 있고 성공할 수 있으리라는 생각은 일찌감치 버리자. 설령 지금까지 화려한 스펙 쌓기에 성공했더라도 이것에 도취되기에는 너무 이르다. 과연 지금의 스펙이 영원한 것인지, 한시적인 것인지를 냉정하게 파악해 보아야 한다.

이 책은 내가 평소 가깝게 지내면서 지도하는 학생들의 답답함을 조금이나마 덜어 주고 싶은 마음에, 평소 일을 의논하고 자문을 구하는 신철호 교수님과 함께 집필하게 되었다. 앞날은 막막하기만 한데 어떤 것부터 시작해야 할지 몰라 방황을 거듭하는 스물다섯 살들을 지켜보는 인생 선배의 입장에서 가장 중요한 점을 짚어 주고 싶었다.

비록 현실은 작고 볼품없는 새우일지라도 큰 고래가 되어 넓은 바다를 자유로이 뛰어놀고 싶다는 그 바람이 지금의 스물다섯 살들에게는 꼭 필요하다. 고래가 헤엄칠 수 있는 바다의 범위는 그야말로 무궁무진하다. 지금부터라도 자신의 강점과 장점이 무엇인지 파악할 수 있다면, 이후 자신이 활동할 수 있는 무대 역시 바다처럼 넓을 것이다.

부디 이 책을 통해 여러분 모두 어디서나 환영받는 프로틴 같은 인재가 되기를, 지금은 비록 새우잠을 자더라도 고래가 되고 싶은 꿈을 포기하지 않는 멋진 젊은이들로 거듭나기를 바란다.

2009년 가을을 기다리며, 박예진 · 신철호

Contents

 새우가 고래 되는
아주 특별한 방법

1장
무엇을 하든, 일단 내 목소리에 귀를 기울여야 한다

Contents

1

스물다섯 살의 현실은
늘 새우잠이다

Your mid-20s' Life Restart

어학연수 간다고
새우가 고래 되나?

"교수님, 저 다음 학기에 휴학해요."

"휴학하고 뭐 하려고?"

"호주로 어학연수 가려고요. 취직하려면 영어는 필수잖아요."

"진로는 정했니?"

"아직 잘 모르겠어요. 어디든 취직을 해야죠."

"……."

요즘 진로를 정하지 못하고 졸업을 미루는 20대 대학생이 눈에 띄게 늘었다. 그들은 휴학 기간에 어학연수를 떠나기도 하고, 국가 고시를 보거나 자격증을 따기 위해 도서관에서 살다시피 한다. 모두들 바늘구멍 같은 취업문을 통과하기 위해서다. 그러다 보니 요즘에는 대학을 4년 만에 졸업하는 학생이 드물다.

대학가에서 유행하는 신조어 중에는 '장미족'이란 것이 있다. 장미족은 '장기간 미취업 졸업자'의 준말로, 화려한 스펙을 지녔음에도 오랜 기간 취업을 하지 못한 구직자를 뜻한다.

장미족은 이전에 '공휴족'이었다. 공휴족은 취업 걱정에 휴일조차 쉬지 못하는 학생들을 일컫는 말이다. 그들은 학점 관리와 어학 공부는 기본이고, 평균 3~5개의 동아리 또는 스터디 그룹에 참여하며, 봉사 활동에도 적극적이다.

스펙을 키우기 위해 편입학을 거듭하며 몸값을 올리는 '에스컬레이터족'과 토익·취업 강좌라면 어디든 찾아다니는 '강의 노마드(유목민)족'도 있다. 이들은 장기간 취업이 안 될 경우 '칩거족'으로 변하기 쉽다. 칩거족은 취직을 못한다는 자괴감에 빠져 대부분의 시간을 홀로 방 안에서 보내는 부류다.

IMF 때 유행했던 20대 태반이 백수라는 '이태백'이 귓가에 선연한데 왜 여전히 이런 씁쓸한 신조어가 판을 치는 것일까.

어학연수는 취업 보증 수표?

사실 20여 년 전만 해도 대학을 졸업하면 취업하기가 어렵지 않았다. 대학 입학은 곧 취업의 보증 수표였다. 자연히 대학 졸업장을 원하는 사람이 늘어났다. 그러다 보니 인구나 경제 규모 면에서 우리보다 훨씬 앞선 미국이나 일본보다도 고학력자가 많아졌다.

상황이 이렇다 보니 대학을 졸업해도 취직하기가 어려워졌다. 졸업장 말고도 내세울 만한 게 있어야 했다. 1990년대 들어 국내 기업의 해외 시장 진출 때문에 각광받기 시작한 영어가 대표적인 예다. 요즘 대부분의 기업이 직원 채용시 영어 구사 능력을 최우선시하는 것만 봐도 이를 잘 알 수 있다. 해외여행 규제가 풀리면서 너도나도 어학연수를 떠나게 된 분위기도 한몫했다. 지금도 많은 학생이 취업에 도움이 되리라 믿으며 어학연수를 떠나지만, 안타깝게도 그것이 취업에 특별한 메리트로 작용하지는 못하는 듯하다.

진로 상담을 하고 싶다며 나를 찾아온 경영학과 4학년 여학생도 비슷한 고민을 털어놓았다.

재수 끝에 어렵게 대학에 들어간 그녀는 학과 공부가 적성에 맞지 않아 고민하던 차에 평소 동경하던 광고 대행사에서 아르바이트를 할 기회가 생겼다. 그녀는 바로 휴학을 하고 일을 시작했다. 그런데 일은 그녀가 상상하던 것과는 매우 달랐다. 결단력이 대단(?)했던 그녀는 자신의 천직이 아니라는 사실을 깨닫자 미련 없이 아르바이트를 그만두었다. 그러고는 여행도 하고 영어도 배워 보자는 생각으로 워킹비자를 받아 호주로 떠났다.

호주에서 그녀는 호텔과 레스토랑의 웨이트리스로 일했다. 하지만 일은 고되고, 마지못해 일을 하다 보니 영어 실력도 늘 리가 없었다. 그녀는 이 대목에서 약간 민망했는지 변명을 하기도 했다.

"한국 사람이 어찌나 많은지 영어를 쓸 새가 없었어요."

한국으로 돌아온 그녀는 아직 취업 준비가 안 됐다는 이유로 한 학기 더 휴학을 했다. 그러면서 졸업까지 반년의 시간을 벌었다고 생각했단다. 그러나 나는 이 대목에서 그녀에게 시간을 번 것이 아니라 무책임하게 낭비한 것일지도 모른다는 말을 해 주고 싶었다. 어영부영하는 사이 스물일곱이라는 나이가 돼 있었지만, 그녀는 여전히 현실적으로나 정신적으로 불안정한 상태였기 때문이다.

대학 졸업 후 20대 후반으로 접어든 그녀는 아르바이트를 통해 사회 경험도 했고 어학연수도 다녀온 셈이다. 그렇지만 여전히 자신의 미래에 대해 갈피를 잡지 못하고 있다. 그녀가 이렇게 방황을 거듭하는 이유는 뭘까?

취업을 위해 사는가, 인생을 위해 사는가

요즘 20대 최대 관심사는 취업이다. 예전에는 대학 졸업반이 되어야 취업을 걱정했지만 요즘에는 입학하면서부터 취업 준비에 매달린다. 그러나 불황이 계속되는 가운데 취업은 선택된 자들의 몫이고, 20대의 대부분은 취업의 기본 조건이라고 하는 '스펙 쌓기'에 매달리며 시간을 보낸다.

졸업 장기 유예족들이 속출하는 이유도 스펙 확보 때문이다. 스펙이란 학교와 학점, 토익 점수와 자격증 소지 여부, 그리고 해외 연수나 인턴 경험 유무 등을 종합해 일컫는 말이다. 요즘 학생들은 4년도 부족해 더 많은 세월을 스펙을 쌓는 데 쏟아붓는다. 하지만 이렇게 시간과 노력을 투자해 스펙을 쌓고도 취업을 하지 못하는 사람이 부지기수다. 지금 아마 자신의 이야기라며 가슴이 뜨끔한 사람이 많을 줄로 안다.

예전에 학생들을 대상으로 간단한 설문 조사를 한 적이 있다. 장래 희망하는 직업이 무엇이고, 그것을 위해 어떤 노력을 하는지, 그 직업에 대해 얼마나 잘 알고 있는지를 묻는 설문이었다. 그런데 설문 결과는 매우 실망스러웠다. 대부분 막연하게 대기업 입사나 전문직을 갖고 싶다고 답했으며, 이를 위해 휴학을 하고 인턴 생활을 해 봤다거나 어학연수를 다녀왔다는 답변이 대다수였다.

이는 취업을 하기 위해서는 남들 다 하는 경험을 나도 해 봐야 한다는 생각이 만연해 있기 때문이다. 달리 말하면, 요즘 학생들은 남들 다 쌓는 스펙을 나도 쌓아야 한다는 생각을 가지고 있다는 것이다.

설문지를 보면서 나는 새삼 요즘 20대들의 문제점을 깨달을 수 있었다. 그들은 보기를 내고 그 가운데에서 답을 고르는 객관식에는 능력을 십분 발휘하지만, 스스로 답을 깨닫고 창조해야 하는 주관식에는 한없이 약했다.

이런 점이 취업에 있어서도 그대로 적용됐다. 스펙만이 정답이라 여기고 그것을 확보하는 데만 골몰하다 보니 정작 중요한 점은 못 보고 지나치게 되는 것이다. 앞서 말한 경영학과 여학생의 경우도 마찬가지다.

이런 학생들은 자신이 정말 하고 싶은 일이 무엇인지, 설령 원하는 것을 모른다 해도 앞으로 무엇을 차근차근 해 나가야 할지에 대한 인식 자체가 부족한 셈이다. 아무리 남들 다 가는 어학연수를 다녀온다 한들 그것이 자신만의 특별한 스펙이 되리라 생각하는 것은 큰 착각일 뿐이다. 이들은 가장 중요한 사실 한 가지를 간과하고 있었다.

스물다섯 살,
인생의 과도기

내가 지도하던 신문방송학과 학생 2명이 똑같이 인턴을 희망했다. 한 학생은 어학연수도 다녀왔고 외모도 출중한 데다 다수의 자격증을 가지고 있었다. 스펙으로만 보면 인턴은 통과 의례에 지나지 않을 듯했다.

또 다른 학생은 뒤늦게 디자이너가 되겠다는 결심을 하고 디자인 학원을 다니면서 각종 공모전을 통해 포트폴리오를 쌓아 왔다. 그러나 미술 전공자가 아니었기 때문에 관련 분야 취업이 쉽지 않아 보였다.

얼마 후 어학연수 경험이 있던 학생은 방송국에 인턴으로 들어갔고, 디자이너가 되고 싶다던 학생은 선배들을 찾아다니며 부지런히 부탁한 끝에 편집 디자인 사무실 인턴으로 들어가게 되었다. 방송국에 인턴으로 들어간 학생은 정직원 전환이 보장된 듯 보였다.

그런데 결과는 뜻밖이었다. 편집 디자인 회사에 인턴으로 들어간 학생은 업무 능력을 인정받아 정직원이 되었고, 방송국에 인턴으로 들어간 학생은 정직원 심사에서 탈락했다. 게다가 의외로 인턴 성적까지 좋지 않았다고 한다. 졸업을 한 후에도 여전히 취직을 못하고 있다는 소식을 전해 듣기도 했다.

물론 각 기업의 상황이나 경쟁률 등의 변수까지 일일이 고려한 것은 아니지만 이 두 학생의 경우에서 나는 한 가지 사실을 확신했다. 물론 운도 따랐겠지만, 주변의 평가와 시선에 아랑곳하지 않고 자신의 적성과 흥미를 최대한 고려해 승부를 건 학생이 원하는 자리를 손에 넣었다는 점이다.

이는 직장에 갓 들어간 신입 사원들에게도 마찬가지로 적용된다. 정작 본인의 적성이나 흥미는 생각하지 않고 회사 브랜드만 보고 입사를 결정하면, 회사에 들어가더라도 쉽게 적응하지 못하고 갈팡질팡하게 마련이다.

자신의 미래를 위한 스펙이 아닌, 취업을 위한 겉치레뿐인 스펙 쌓기에 급급했기 때문에 결과가 좋을 리 없는 것이다.

이는 결국 스스로에게는 물론 자신을 고용한 회사에도 악영향을 미치는 셈이다. 이런 사람은 결국 어디서도 적응하기가 어렵다. 이것이 바로 여러분이 쉽게 간과하고 있는 사실이다.

물론 지금 20대에게 취업 자체가 인생의 목표가 될 수는 없다. 다만 10대에 대학 진학을 고민하듯 취업 역시 자신의 인생에서 가장 중요한 과도기라는 사실을 알아야 한다. 20대 중반, 스물다섯 살이라는 과도기를 어떻게 헤쳐 나가느냐에 따라 10년, 20년 후의 미래가 달라지기 때문이다. 커리어 코치로서 학생들을 지도하면서 내가 늘 강조하는 점도 바로 이 부분이다.

지금 당장 취업에 필요한 스펙 쌓기에 목숨을 거는 것도 중요하지만, 단순히 눈에 보이는 스펙을 높인다는 생각보다는 자신의 미래를 위해 어디서, 어떤 방식으로 능력을 업그레이드시키느냐가 더 중요하다. 이것이 바로 진정한 스펙 쌓기와 커리어 관리의 기본이다. 그리고 이런 과정을 차근차근 밟아 나가다 보면 결국 자신이 원하는 일을 할 수 있게 되는 것이다.

그렇다면 진짜 스펙을 쌓기 위해 필요한 요건에는 어떤 것들이 있는지 살펴보자.

인성의 기본기를 익혀라

한국고용정보원의 한 논문에 따르면, 대졸 취업자 10명 중 3명이 졸업 후 20개월 안에 1회 이상 일자리를 옮긴다고 한다. 퇴사 이유로는 '근로 시간이나 보수, 근로 여건에 대한 불만'이 33.9%로 가장 많았다. 그리고 '더 좋은 직장으로 전직하고 싶어서'가 16.5%, '적성에 맞지 않아서'는 5.4%였다.

하지만 이런 불만을 가지기 전에 회사와 입장을 한번 바꾸어 생각해 보자. 회사 입장에서는 한 조직원이 바뀔 때마다 상당한 희생을 치르게 된다. 다시 면접을 치르는 데 드는 경제적 비용은 물론 처음부터 일을 가르쳐야 하는 수고도 만만치 않다. 그렇기 때문에 회사에 대한 주인 의식을 가지고 일하는 직원을 곱게 볼 수밖에 없는 것이다. 이런 회사의 입장을 간파할 줄 아는 것도 구직자에게 꼭 필요한 능력이다.

예전에 한 학생을 후배가 경영하는 브랜드 컨설팅 회사에 인턴사원으로 보낸 적이 있는데, 한 달 후 후배로부터 연락이 왔다. 그는 미안함이 가득 담긴 목소리로 그 학생이 회사 일에 맞지 않는 것 같다고 말했다.

순간 의아한 생각이 들었다. 그 학생은 주변 사람들이 모두 인정할 정도로 명석한 데다 나를 찾아와 그 회사에 꼭 들어가고 싶다며 추천서를 부탁할 정도의 열의까지 있었기 때문이다.

나는 납득이 가지 않아 그렇게 생각하는 이유를 물었다. 후배는 전화상으로 얘기하기가 곤란했는지 다음과 같은 메일로 답변을 대신했다.

선배님, 제가 그 학생을 한 달 동안 지켜본 결과를 적어 보냅니다. 그 학생이 자기 적성에 맞는 일을 찾는 데 도움이 되었으면 합니다.

장점 : 사람들과의 친화력이 뛰어남, 영어 구사 능력이 우수함, 엑셀과 파워포인트 활용 능력이 우수함, 해외 명품 브랜드에 대한 식견이 출중함.

단점 : 일에 대한 열정이 부족함, 일보다는 사람들과 관계 맺기에 치중함, 시간을 때우려는 경향이 많음, 본인의 주장이 강함.

아시다시피 저희 일은 밤샘 작업이 잦아 일 자체에 대한 열정이 강하지 않으면 이겨 내기가 어렵습니다. 그 학생은 개인적인 능력은 뛰어나지만 저희 일에는 맞지 않는 것 같습니다. 이쪽보다는 커뮤니케이션 스킬이 요구되고 브랜드에 대한 지식도 필요한 홍보 대행사 쪽이 더 어울릴 듯합니다.

후배가 보낸 메일 내용만 보고도 그 학생이 회사에서 어떻게 처신했을지 충분히 짐작되었다. 그는 브랜드 컨설팅이라는 분야에서 일할 마음의 준비가 전혀 되어 있지 않았던 것이다.

나는 그 학생을 다시 만나 홍보 대행사 한 곳을 소개하고, 그쪽으로 진로를 바꿔 볼 생각이 없는지 물어보았다. 그런데 그는 생각할 필요조차 없다는 듯 그 자리에서 거절 의사를 밝혔다. 잘 알려지지 않은 회사라는 것이 그 이유였다. 어떤 일이 적성에 맞느냐보다 회사의 이름값을 더 중요시 여긴 것이다.

면접관의 판단 기준은 의외로 단순하다. 그 사람이 회사 일에 잘 적응할 수 있을지, 그리고 회사 사람들과 어울려 시너지 효과를 창출할 수 있을지와 같은 기본기를 무엇보다 우선시한다.

아무리 영어를 잘하고 컴퓨터를 능수능란하게 다룬다 해도, 그것이 업무를 수행하는 데 큰 메리트가 되지 못한다면 별 소용이 없는 것이다.

답은 분명하다. 그럴싸한 스펙을 내세우기에 앞서 자신이 선택한 분야에서 꾸준히 일할 자세가 되어 있는지를 먼저 생각해 봐야 한다는 뜻이다. 이런 사람은 어디서든 환영받게 마련이다.

조직과 사회가 원하는 진정한 인재, 프로틴

"쓸 만한 사람 어디 없을까? 이번에 신입 사원들 면접을 봤는데, 인재가 없네."

어느 날 잘 아는 벤처 기업 사장이 찾아와 하소연을 했다. 서류상으로는 모두 훌륭한 인재인데, 막상 면접을 하면 경험은 둘째치고 본인 전공 분야에 대한 지식마저 부족하다는 것이다. 게다가 일에 대한 적극성이나 열의는 눈을 씻고 찾아봐도 보이지 않는다고 했다. 예전에는 입사하면 달라지겠거니 생각하고 그런 사람들을 채용했지만, 얼마 못 버티고 나가 버렸다고 한다. 그런 일을 수차례 겪고 나니 새삼 사람을 뽑는 게 얼마나 어려운 일인지 통감하게 되었단다.

현재 국내 굴지의 기업들은 다양한 문화와 기호에 유연하게 대처할 수 있는 역량을 무엇보다 필요로 하고 있다. 다양성이 없는 조직은 시시각각 변화하는 글로벌 환경에 유연하게 대처하기 어려울 뿐만 아니라 고객의 니즈를 신속하게 받아들일 수 없기 때문이다. 그리고 이와 동시에 주인 의식과 성실성을 갖춘 사람들을 선호한다. 조직의 분위기와 융합도 그만큼 중요하기 때문이다.

커리어 이론가인 더글러스 홀은 '프로틴 경력'이라는 용어를 통해 조직과 사회가 원하는 인재상을 잘 표현했다. 프로틴은 그리스 신화에 등장하는 바다의 신 프로테우스Proteus에서 따온 말로, 자신의 모습을 마음대로 바꿀 수 있는 능력을 지닌 사람을 의미한다.

쉽게 말해 프로틴이란 자신이 처한 상황에 따라 스스로를 긍정적으로 발전시킬 줄 아는 인재를 일컫는다. 요즘처럼 다양한 역량을 필요로 하는 사회가 바라는 인재상인 것이다.

C 기업의 경영 기획팀이 요구하는 업무 능력을 살펴보면 프로틴의 이 같은 자질을 필요로 한다는 것을 알 수 있다.

C 기업이 지원자에게 제시한 자료에 따르면, 경영 기획팀에서 요구하는 자질은 기본적으로 인터넷 활용, 문서 작성, 외국어 독해 및 회화, 재무제표 등 기본적인 재무와 회계 지식 및 경영과 경제에 대한 지식이다. 그리고 통계적인 업무를 무난하게 할 수 있는 자질 역시 필요로 한다.

또한 전략 기획 및 사업 관리, 지원 업무 등을 수행할 수 있는 기획력과 분석력, 그리고 획득한 정보를 효과적으로 상대에게 전달할 수 있는 의사소통 기술, 설득력, 추진력, 통솔력 등을 필요로 한다.

이뿐만이 아니다. 담당하는 사업 분야에 대한 통찰력, 수익성을 제고할 수 있는 경제적인 마인드, 열정과 창의력까지 갖추고 있어야 한다. 주인 의식과 인내력까지.

한편으로는 지원자에게 너무 과다한 요구를 하고 있지 않나 하는 생각도 들지만, 그만큼 요즘 기업의 인재 선별 방식이 까다롭다는 의미이다. 단순한 수치로 판단할 수 있는 스펙보다는 다양한 상황에서 능력을 발휘할 수 있는 멀티 플레이어의 자질을 요구하고 있는 셈이다.

기업의 이 같은 인재 채용 방식에서 알 수 있는 사실은 뛰어난 능력, 즉 스펙이 99% 훌륭한 것도 중요하지만, 주인 의식이나 성실성 같은 1%의 개인적인 인성이 기본적으로 담보되어야 한다는 것이다. 개인의 인성이란 어디서든 환영받는 인재가 되기 위한 기본 요건이기 때문이다.

이처럼 기업에서 신입 사원을 채용할 때는 전문성과 경력보다는 인성과 적성 및 태도 등에 비중을 둔다. 이는 서로 다양한 성격과 가치관을 가진 사람들이 하나의 목표를 위해 협조하고 시너지를 내는 곳이 바로 기업이기 때문이다.

타인을 배려하고 공감할 줄 아는 것은 기본적으로 인성이 뒷받침되지 않으면 불가능하다. 이는 자신이 속한 곳에서 원하는 능력을 발휘할 줄 아는 프로틴의 특성이기도 하다.

이제 기업과 사회는 프로틴과 같은 인재를 요구한다. 끊임없는 환경 변화로 인해 기업은 생존을 위한 변화를 거듭해야 하며, 구성원 또한 이에 맞게 변화해야 살아남을 수 있다.

전 사회가 불황의 어두운 터널을 지나고 있는 요즘, 기업은 한층 더 자생력 강한 인재를 원하고 있다. 세계라는 큰 지붕 아래에서 특별한 콘텐츠를 통해 화합할 수 있는 프로틴만의 경쟁력이 절실한 상황이다.

이제 단순히 스펙을 높이는 작업만이 자신의 미래를 바꿀 수 있다는 헛된 생각은 버리자.

지금 앞날이 불안한 20대에게 가장 필요한 것은 무엇보다 스스로 어떤 곳에서든 환영받고 인정받을 수 있는 인재가 되기 위한 기본 요건을 갖추고 있는지를 확인해 보는 작업이다.

　이 작업은 단지 자신을 돋보이게 할 수 있는 수치를 향상시키는 것을 뛰어넘어 어디서든 인정받을 수 있는 자신만의 특별한 무기가 무엇인지를 고민하는 과정이기도 하다.

'화려한 스펙' vs '특별한 콘텐츠'

으뜸 학원가라 할 수 있는 서울 대치동에는 특목고 학원이 많다. 그 가운데에서도 특히 유명한 학원들은 대부분 아이비리그에서 공부하고 돌아온 인재들을 강사로 고용하고 있다. '하버드 대학 법학과 졸업', '펜실베이니아 대학 경영학과 졸업' 등 학원 앞에 휘날리는 강사들의 화려한 스펙은 학부모들의 마음을 사로잡기에 충분하다.

그러나 명문대를 졸업했다고 해서 모두가 인기 강사가 되는 것은 아니다. 학생들의 마음을 사로잡고 자신의 강의에 귀를 기울이게 하기 위해서는 남다른 끼와 노력, 즉 그 사람만의 전문적인 스킬이 필요하다. 이런 스킬이 바로 콘텐츠다.

콘텐츠는 보통 각종 매체가 제공하는 정보이자 저작물, 창작물의 의미로 쓰인다. 개인이 콘텐츠를 생산한다는 것도 비슷한 의미다. 개인의 콘텐츠란 그 사람이 창조해 낼 수 있는 가치와, 다른 사람에게 긍정적으로 제공할 수 있는 다양한 특징을 의미한다. 이 특징에는 한 사람의 개성이나 인성과 같은 것들도 모두 포함된다.

그렇다면 스펙과 콘텐츠의 차이는 뭘까? 스펙은 한 사람의 능력을 숫자로 환산한 수치와도 같다. 하지만 여기에는 한계가 있다. 숫자로 표현되는 스펙에는 그 사람의 인성이나 잠재력, 창조성 같은 것들이 반영되지 못하기 때문이다. 그래서 스펙만 보면 뛰어나지만 막상 채용하면 별 볼 일 없는 사람들이 속출하는 것이다.

여기서 우리는 스펙과 콘텐츠의 차이를 알 수 있다. 스펙이 아무리 뛰어나더라도 자신이 몸담고 있는 분야에서 진정 필요로 하는 조건을 갖추지 못한다면 성공하기 힘들다. 이 조건이 바로 한 개인의 특별한 콘텐츠다. 수많은 박사 실업자를 양산하고 있는 우리의 현실이 이를 적나라하게 보여 준다.

아이디어, 콘텐츠의 또 다른 이름

한때 우리나라에 애니메이션 제작이 붐을 이룬 적이 있다. 재팬 애니메이션이 세계 시장을 석권하면서 애니메이션이 고부가 가치를 창출할 수 있음을 증명했기 때문이다. 정부까지 나서 적극적인 지원을 약속하면서 업계 사람들은 애니메이션의 찬란한 미래를 꿈꾸기도 했다.

그러나 애니메이션 붐은 찻잔 속의 태풍으로 끝나고 말았다. 그 이유는 한국적 애니메이션에 대한 진지한 고민 없이 일본의 애니메이션을 답습하는 수준에 머물렀기 때문이다. 해마다 꽤 많은 작품을 선보였지만 '메이드 인 코리아'라고 자신 있게 내세울 만한 작품을 찾기는 쉽지 않았다.

기술력만 놓고 본다면 오랜 세월 일본 애니메이션 제작에 참여했던 우리 업계의 실력도 크게 뒤떨어지지 않는다. 그러나 콘텐츠 면에서는 한참 뒤처져 있는 것이 사실이다. 우리의 애니메이션이 발전하기 위해서는 무엇보다 콘텐츠 개발이 선행되어야 했다.

언젠가 만난 어느 유명 만화가가 내게 이런 말을 한 적이 있다.

"가끔 만화가 지망생들을 상대로 강의를 하는데, 뛰어난 그림 솜씨에 비해 아이디어는 그다지 참신하지 못해요. 그래서는 만화가가 되기 어렵지요."

뛰어난 그림 솜씨가 스펙이라 한다면, 아이디어는 콘텐츠라 할 수 있다. 아무리 잘 그린 그림이라 할지라도 그에 담긴 내용이 변변치 못하면 사람들의 관심을 끌 수 없듯이, 스펙이 제아무리 뛰어나도 자신만의 독창적인 콘텐츠가 없으면 어디서도 인정받기 힘들다.

얼마 전 학생들이 요즘 유행하는 웹툰이라며 한 편의 만화를 보여 준 적이 있다. 고필헌이라는 만화가가 그린 만화였는데, 참으로 엉뚱하기 짝이 없었다. "경기도 과찬이십니다"라는 말풍선 속 대사를 봤을 때는 묘한 전율이 느껴지기도 했다. 학생들은 그것이 이 만화가만의 고유한 언어 표현법이라고 했다.

학생들의 얘기를 들어 보니 고필헌은 근래 상당한 인기를 얻고 있는 만화가로, 그의 만화를 보기 위해 특정 사이트에 매일 접속하는 사람도 있고, 주간지의 연재물을 모으는 사람도 있었다.

만약 만화가 고필헌이 유명 만화가인 이현세나 허영만의 작품을 아무 생각 없이 답습했다면 지금과 같은 많은 관심과 인기를 누리지는 못했을 것이다. 그것은 분명 얻어 입은 옷처럼 어색했을 테니까.

나만의 무기를 개척하라

내가 대학을 졸업할 당시에는 여성의 취업률이 높지 않았다. 전공의 전문성이 인정되는 연구소나 교직, 의료직 등이 아니면 일반 기업의 사무직 정도가 여성이 진출할 수 있는 직종이었다. 그러다 보니 여성이 사회에 진출하는 것은 낙타가 바늘귀로 들어가는 일만큼이나 어려웠다.

경쟁을 뚫고 어렵게 들어간다고 해서 빛나는 미래가 보장되는 것도 아니었다. 아무리 열심히 일을 해도 늘 남성보다 못한 대우를 받았다. 이런 환경에서도 내가 조직으로부터 인정받을 수 있었던 이유는 장점을 최대한 살려 경쟁력 있는 콘텐츠를 육성한 덕분이었다.

당시 나의 장점이라 할 만한 것은 유창한 영어 구사 능력과 미련할 정도로 포기하지 않는 근성이었다. 이 두 가지 무기는 지금까지 내가 사회에서 살아남을 수 있는 원동력이 되었다.

솔직히 어린 시절 외국에서 생활한 덕분에 자연스럽게 습득한 영어 구사 능력이 입사시 눈길을 끈 것은 사실이었다. 하지만 그것만으로는 부족했다. 수많은 암초가 놓여 있는 조직에서 버티기 위해서는 근성이 필수였다. 나는 악바리처럼 일에 매달렸고, 이것이 끈기와 책임감이라는 나만의 콘텐츠를 이끌어 내면서 모종의 성과를 거둘 수 있었다.

내가 처음 취직한 곳은 모 패션 회사였다. 유통 업계는 다른 어느 분야보다 남성들의 텃세가 심한 곳이었다. 여성들은 아무리 실력이 뛰어나도 계장 이상의 직급으로 올라가기 어려운 형편이었다. 이런 조직 문화에서 살아남기 위해서는 여성으로서의 강점을 부각시키고 약점을 감출 필요가 있었다.

나는 '역시 여자는 안 된다' 는 말을 듣지 않기 위해 남들보다 두세 배 더 노력하며 일에 매달렸다. 나의 노력과 일을 꼼꼼하게 처리하는 능력은 곧 주위의 좋은 평가를 이끌어 냈고, 어느새 나는 본부장의 위치에까지 올랐다. 그때가 불과 30대 초반이었으니 유통 업계에서는 대단한 일이었다. 그렇지만 아직 넘어야 할 산이 많았다. 직급이 높아질수록 내가 감당해야 할 책임은 더욱 커졌기 때문이다.

이 중압감을 뛰어넘기 위해서는 나만의 콘텐츠, 강점을 더욱 발전시켜야 한다는 필요성을 느꼈다. 업무와 관련된 전문 서적을 찾아 읽으며 밤새 공부를 하기도 했고, 해외 동향을 살피기 위해 토요일 아침마다 남몰래 일본행 비행기에 오르기도 했다.

발에 티눈이 생길 정도로 곳곳의 백화점과 전문 숍을 돌아다니면서 몰래 사진을 찍거나 스케치를 하는 등 정보를 모았다. 그렇게 정신없이 돌아다니다 숙소로 돌아오면 온몸이 파김치처럼 늘어져 움직이기조차 어려웠다. 움직이지 않고는 나의 무기가 저절로 얻어질 리 없다는 생각 때문이었다. 나의 이런 노력 덕분인지 우리 부서가 만들어 내놓는 상품에 대한 세간의 평가는 점차 좋아졌고, 결국에는 타 부서에서도 우리 부서를 인정하게 되었다.

나는 그동안 조직 내에서 많은 견제를 받아 왔다. 하지만 그들 모두를 적대시하는 것은 조직원으로서 어리석은 일이었다. 그래서 나는 오히려 타 부서장들과의 모임을 통해 내가 가진 정보를 공유함으로써 시너지 효과를 내기도 했다. 이것이 업무 성과 향상으로 이어졌고, 조직 문화도 점차 우호적으로 변해 갔다. 조직 내 네트워크를 원활하게 관리할 수 있었던 것도 나만의 콘텐츠였다.

지금 생각해 보면 이처럼 남성 위주의 조직 문화에서 소수자인 여성인 내가 인정받을 수 있었던 비결은 바로 나만의 콘텐츠를 꾸준히 개발한 덕분이었다. 만약 내가 조직의 압박감을 견디지 못하고 중도에 포기하거나 체념했다면 결코 이루어 낼 수 없는 성과였다.

이는 마치 미운 오리 새끼였던 나 자신을 백조로 탈바꿈시키는 과정과도 같았다. 현재 모습에 실망하거나 포기하지 않고 부지런히 나를 가꾸는 작업을 계속하다 보면 곧 아름다운 백조로 인정받을 수 있을 거라는 믿음이 있었기에 가능한 일이었다.

이 책을 읽는 독자들에게 간절히 말해 주고 싶다. 누구나 20대에, 혹은 조금 늦은 30대 초반부터라도 노력만 한다면 자신이 원하는 것을 성취할 수 있다. 그러기 위해서는 지금부터라도 어떤 일을 선택할지, 그리고 그 일을 성취하기 위해 어떤 콘텐츠를 가지고 도전할지를 고민해야 한다. 누구에게나 시행착오는 있으니 두려움은 일단 버리자.

자신만의 콘텐츠의 중요성을 강조해 온 인물로는 바이어컴의 섬너 레드스톤 회장이 있다. 그는 '트랜스포머', '아이언 맨' 등을 만든 유명 애니메이션 제작자로, 21세기 미디어계의 대부로 통한다.

그가 지금의 자리에 오를 수 있었던 것은 모두 어린 시절의 추억 덕분이었다고 한다. 아버지가 영화관을 운영한 덕에 그는 어린 시절을 영화와 함께 보낼 수 있었다. 그때의 추억은 그가 미디어 그룹을 일으키는 원동력이 되었다.

그는 콘텐츠가 미디어의 성패를 좌우할 것이라 역설하면서 좋은 영화를 만들어야 한다고 누차 강조해 왔다. 아무리 영화관이 좋다 해도 영화 내용이 부실하면 관객에게 외면당할 수밖에 없다는 생각이었다. 그의 철학은 소재 발굴의 한계에 부딪혀 리메이크작에 매달리는 할리우드의 현 상황을 볼 때 더욱 가슴에 와 닿는다.

미디어뿐만 아니라 개인의 미래 역시 콘텐츠에 따라 달라질 수 있다. '트랜스포머'의 변신 로봇이나 '아이언 맨'의 철갑옷과 같은 자신만의 무기를 만들어야 취업 전선에서 승리할 가능성이 높아지는 것이다.

무엇이든 결국 자신의 재산이 된다

현업에 종사하는 사람들에게도 콘텐츠는 마찬가지로 중요하다. 기업 문화 선진화와 함께 업무 형태도 효율성을 높이는 방향으로 변하고 있고, 많은 기업에서 외부 변화에 빠르게 대처할 수 있는 팀제를 도입했다. 이런 흐름 속에서는 어떤 환경에서든 자신의 개성과 재능으로 현명하게 처신하는 인재를 환영한다. 이는 취업 준비생에게 꼭 필요한 항목이며, 직장인들도 마찬가지다.

모 전자 회사에 취직한 한 연구원은 입사 후 전자 기기 신기술을 연구하는 부서에 배속되었다. 전자과를 나왔기에 당연한 결과였다. 그는 최선을 다해 일했지만 뚜렷한 성과를 거두지는 못했다. 그러다 우연히 그의 뛰어난 상품 감각을 알아본 상사의 추천으로 전자 기기 상품 개발 부서로 옮기게 되었다. 전자에 관한 심도 있는 지식(디자인은 특수한 분야로 전문성 없이는 곤란)과 탁월한 상품 개발 감각까지 갖춘 그는 곧 그 부서에서 발군의 능력을 발휘할 수 있었다.

모 금융 회사에 10년째 다니는 직장인의 일화도 있다. 그는 경영학과를 나와 금융 회사에 취직했으나 금융 업무에서 인정받지 못해 홍보실로 발령을 받았다. 모두 좌천이라 생각했지만 그는 홀가분한 마음으로 업무를 수행했다.

사람들과 친화력이 높았던 그는 홍보 분야에 적격이었다. 그의 능력은 얼마 지나지 않아 빛을 발하기 시작했다. 조직 화합을 위해 사내 이벤트를 만들고, 대외 홍보 활동에도 적극 나섰다. 그러자 무겁기만 하던 조직 분위기가 화기애애해졌다. 사원들 입에서 그에 대한 칭찬이 쏟아져 나왔다. 자신의 재능과 개성으로, 조직이 원하고 또 자신에게도 흡족한 인재로 거듭난 케이스다.

취업에서 가장 중요한 조건이 무엇이냐고 물어보면, 아마 모두들 스펙이라 입을 모아 대답할 것이다. 하지만 다른 사람과 별다를 것 없는 스펙을 뛰어넘는 나만의 경쟁력이 없다면 취업 시장에서의 승산도 없다. 자신만의 콘텐츠로 승부하는 프로틴은 취업 시장에서도 승산이 있을 뿐만 아니라 자신의 인생 설계도 현명하게 해 나갈 수 있다.

만약 여러분이 지금 당장 꼭 일하고 싶은 회사, 혹은 앞으로 꼭 하고 싶은 일을 결정했다면 그것을 성취하기 위해 자신만의 무기를 먼저 만들어야 한다. 스펙을 무시하자는 이야기는 결코 아니고, 모두들 비슷한 조건을 가지고 있다면 남들과는 다른 매력이나 강점이 있어야 승산이 있다는 얘기다.

사회적으로 자신만의 커리어를 구축한 사람들도 그 사람의 인생을 관통하는 자신만의 특별한 콘텐츠가 있다. 어떤 이는 차근차근 일을 풀어 나가지만, 어떤 이는 저돌적으로 돌진한다. 또 자신이 목표한 바를 향해 수단과 방법을 가리지 않는 이가 있는가 하면, 끝까지 정도에서 벗어나지 않으려 애쓰는 이도 있다. 그리고 갈등을 피하는 사람이 있는 반면, 갈등을 즐기는 사람도 있다. 이처럼 제각각이지만 어쨌든 그들은 자신만의 개성과 방식으로 주어진 문제를 해결해 낸다. 이것이 바로 나만의 무기, 콘텐츠이다.

나를 나답게 하는
'무기'

그렇다면 이런 자신만의 콘텐츠는 어떻게 발견할 수 있을까? 그건 결코 남이 가르쳐 주는 것이 아니다. 오직 자기 자신만이 발견할 수 있다.

만약 앞으로 무엇을 어찌해야 할지 갈피를 잡기 어려워 고민이 된다면, 일단 자신의 내면에 귀를 기울여 보자. 자기가 현재 목표하고 있는 것이 무엇인지, 하고 싶거나 잘할 수 있는 것이 무엇인지.

예전에 텔레비전에서 방영하는 '생활의 달인'이라는 프로그램을 본 적이 있다. 만두 빨리 빚기의 달인, 철사 옷걸이 재활용하기의 달인 등이 일하는 모습은 거의 신기에 가까웠다. 그러한 경지에 오르기까지 그들이 얼마나 많은 고민과 노력을 했을지 눈에 선했다. 달인 소리를 들을 정도의 전문가가 되기까지 스스로에게 얼마나 많은 질문을 던졌겠는가. 당연히 시행착오도 많았을 것이다. 잠을 자는 시간 외에는 하루 종일 그 생각에 골몰할 정도로 시간과 노력을 투자했으리라.

이처럼 생활의 달인이라 불리는 사람들은 자신이 선택한 분야에서 독보적인 기술을 자랑한다. 자신이 잘할 수 있는 장점을 특화시킨 것이다. 이런 자신만의 장기, 장점이 바로 자신만의 콘텐츠이다.

인생은 대본 없이 시작한 연극과도 같고, 아직 20대인 여러분은 연극의 서막에 등장한다. 당장 연극이 빨리 전개되지 않는다고 성급해하기보다는 일단 자신의 내면이 들려주는 대사와 지문을 받아 적어보자. 그러다 보면 점차 스스로 발전시킬 수 있는 내면의 콘텐츠가 무엇인지 파악할 수 있게 된다. 자기만의 인생 대본을 차근차근 작성할 수 있게 되는 것이다.

자기가 원하는 방향으로 인생 대본을 작성한다는 것은 진로에 대한 계획을 체계적으로 세울 수 있다는 의미이다. 한 사람의 커리어 관리는 그때부터 시작된다. 커리어 관리란 단발적으로 경력 관리의 차원에서 이해하기보다는 그 사람의 인생 전체를 통틀어 체계적으로 관리해야 하는 인생 관리를 뜻한다.

20대가 커리어 관리를 해야 하는 이유는 자신이 원하는 방향으로 일을 진행시켜 인생 설계의 실패 확률을 줄이기 위해서이다. 10대는 입시라는 큰일을 준비하느라 여념이 없는 시기이고, 30대는 자신이 선택한 일에 대해 부단히 노력하며 경력을 쌓아야 하는 시점이니, 대학에 입학한 후 졸업을 앞두고 있는 20대, 혹은 취업을 준비하는 20대 중반·후반은 미래 설계의 최적기인 셈이다.

커리어 관리는 전적으로 인생 대본을 완성하기 위한 본인의 노력에 달려 있다. 인생 연극이 어떤 방향으로 흘러갈지는 자신이 쓴 대본에 달렸으니 소홀함이 있어서는 안 된다. 대본이 완성되었다면 혼신의 힘을 다해 연기를 해야 한다. 그것은 식지 않는 열정이 필요한 작업이다.

콘텐츠는 뚜렷한 목적의식으로부터 나온다

《나만의 커리어를 디자인하라》의 저자인 카렌 O. 도우드의 연구에 따르면, MBA 과정을 밟고 있는 사람의 75% 정도는 그 과정이 자신의 커리어에 도움이 될 것이라는 생각을 가지고 있다고 한다. 그러나 정작 그 과정을 마치고 나면 50%는 18개월 이내에 MBA와 전혀 관계없는 분야에서 일한다고 한다.

이는 비단 미국의 경우에만 해당되는 것이 아니다. 우리나라 역시 대학에 들어간 학생 가운데 90%는 적성보다는 성적에 맞추어 전공을 선택한다고 한다. 그러니 입학 후 제대로 적응하지 못하고 전공을 바꾸려는 학생이 많을 수밖에 없다.

이러한 경향은 취업에도 그대로 적용된다. 20대에 자신의 내면을 탐색하는 과정을 제대로 거치지 못하고 명성이나 보수만 보고 직장을 선택했으니, 시행착오를 자주 겪을 수밖에 없다. 우리나라 직장인들이 일생 동안 평균 일곱 번 직업을 바꾼다는 조사 결과만 보아도 대다수가 자신이 나아갈 길을 찾지 못한 채 엉뚱한 곳에서 맴돌고 있음을 알 수 있다.

이처럼 스스로가 만족할 만한 커리어를 쌓기 위해서는 내가 무엇을 위해, 또 어떤 일을 해내고 싶은가에 대한 목적의식이 반드시 필요하다.

목적의식은 내면을 탐색하는 과정에서 생겨난다. 목적의식이 뚜렷하지 않은 사람은 직장에 들어가도 얼마 버티지 못하고 떨어져 나가게 마련이다. 입사한 지 불과 한 달 만에 연락도 없이 안 나오는 사람, 1년 내내 일이 자신에게 맞지 않는다면서 불평만 늘어놓는 사람, 틈만 나면 다른 회사에 면접을 보러 다니는 사람 등이 이런 경우라 할 수 있다.

그에 반해 목적의식이 뚜렷한 사람은 자신이 선택한 일을 마지막 기회라 여기며 혼신의 힘을 다한다. 그러다 보면 자기가 가고자 했던 목적지에 당도해 있다.

면접을 보는 사람들이 가장 많이 하는 말이 '일단 시켜만 주십시

으, 뭐든 잘할 수 있습니다' 이다. 그러나 이렇게 말하는 사람치고 취업에 성공하는 경우는 드물다.

그에 비해 목적의식이 있는 사람은 누군가 요구하기 전에 자신의 일에 필요한 지식과 기술을 자발적으로 습득하여 자신만의 콘텐츠로 만든다. 그리고 면접에 임해서는 이 콘텐츠에 대해 당당히 내세운다. 이런 구직자가 면접관들의 호감을 얻는 것이다.

'목적의식이란 자신의 삶에서 의미를 찾는 것이 아니라, 자신의 삶을 의미 있게 만드는 것이다.'

케빈 매카시가 쓴 《목적의식이 있는 사람》이란 책에 나오는 말이다. 의미 있는 삶을 살고자 하는 이들에게 목적의식의 중요성에 대해 새삼 강조하고 있다. 이처럼 뚜렷한 목적의식이 있는 사람은 자신의 커리어뿐만 아니라 인생까지 제대로 설계할 수 있다.

다음은 이런 과정을 통해 자신의 인생을 완성도 있게 구현해 낸 사람의 이야기다.

뉴욕에서 MBA를 마치고 돌아와 국내 굴지의 대기업 기획실에서 근무하던 A는 어느 날 갑자기 사표를 내고 엉뚱한 패션 사업을 시작했다. 그것도 '패션 케어'라는, 그때까지만 해도 잘 알려지지 않은 분야였다.

A가 그 분야에 뛰어든 이유는 단순하고도 명료했다. 이탈리아에 출장을 가서 보게 된 패션 케어 장인의 열정적인 모습에서 자신이 지

금까지 바라고 추구해 왔던 목적의식을 발견했던 것이다.

그는 그 장인에게서 기술을 전수받은 뒤 한국으로 돌아와 아무도 알아주지 않는 패션 케어 사업에 뛰어들었다. 밤낮없이 일에 매달리느라 몸은 피곤했지만 매일 아침 출근 시간을 기다릴 정도로 일이 즐거웠다. 대기업에 다닐 때는 느낄 수 없던 성취감과 보람이 그의 온몸을 감싸 안았다. 억만금을 줘도 결코 바꾸고 싶지 않은 소중한 경험이었다.

원하는 일을 하게 되자 돈도 자연스럽게 따라왔다. 물론 처음에는 다니던 회사의 연봉 수준에도 미치지 못했지만, 현재 그는 패션 케어 분야의 전문가로 거듭나 놀라운 수익을 거두고 있다.

미래 경영학자인 피터 드러커는 "미래를 예측하는 가장 좋은 방법은 미래를 창조하는 것"이라고 말했다. A는 자신에게 필요한 일을 발견했고, 이를 통해 자신의 커리어를 성공적으로 가꾸었다. 이처럼 최고의 인생 관리, 커리어 관리란 기존의 방식이 아닌 자신의 방식을 만들어 나가는 것에 다름 아니다.

커리어 관리는 자아실현이자 완성을 의미한다. 20대인 우리가 직업을 구하고 일을 시작하는 이유는 생계유지도 중요하지만 무엇보다 자신이 무엇인가를 해냈다는 성취감과 보람을 얻기 위해서다. 20대에 이런 기쁨을 알지 못한다면 자신이 선택한 직종에서 오래 일하기 힘들다.

애써 구한 직장에서의 일이 자신에게 맞지 않는다고 금세 이직과 전직을 고민하는 사람들은 애초부터 일을 잘못 선택했기 때문이다. 반면 자신의 흥미와 적성에 맞는 직업을 찾은 사람은 꾸준히, 그리고 즐겁게 일할 수 있고 난관이 닥치더라도 극복할 수 있다.

무턱대고 구직을 위한 스펙에 매달리기 전에 자신만의 콘텐츠를 발견하고 발전시키는 작업이 왜 중요한지 이제 알겠는가?

'나는 고래다'

　유럽의 비즈니스 스쿨인 인시아드의 헤르미니아 이바라 교수가 쓴 《직업 정체성》이란 책에는 성공한 전문직 종사자들의 얘기가 실려 있다. 그들은 각고의 노력 끝에 정상의 위치에 올라서지만, 그곳이 자신들이 가고자 했던 곳이 아님을 곧 깨닫게 된다. 그 책을 읽다 보면 젊었을 때 자기가 진정으로 원하는 일을 찾는 것이 얼마나 중요한지 절실히 느낄 수 있다. 첫 단추를 잘 끼워야 오랫동안 후회가 없다는 이야기다.

　이는 비록 몸을 새우처럼 웅크려 자야 하는 초라한 현실이라도 넓은 바다를 지배하는 고래가 되기 위해서는 꼭 명심해야 할 기본적인 절차가 있다는 뜻이다.

아직도 감이 잘 오지 않는 독자들을 위해 바람직한 미래 설계, 즉 새우가 고래 되는 방법에 대해 좀 더 자세히 살펴보겠다.

미래 설계에 대한 성공 여부는 자신이 가진 콘텐츠를 어떻게 발견하고 또 그것을 얼마나 잘 이끌어 나가느냐에 달려 있다. 도널드 슈퍼나 더글러스 홀 같은 학자들의 연구에 따르면, 사람들이 자신의 커리어를 쌓아 나가는 과정은 크게 5단계로 나눌 수 있다. 이를 정리하면 다음과 같다.

- **자기 탐색 단계**

자기의 적성, 흥미, 강점, 가치관, 선호도 등을 충분히 고려해 직업을 선택한다.

- **목표 설정 단계**

목표를 세우고 그와 관련된 정보 및 자료 등을 수집한다.

- **콘텐츠 개발 단계**

업무에 필요한 자신만의 스킬을 개발한다.

- **적응 유지 단계**

자신만의 스킬을 업무에 적용하고, 시행착오를 견뎌 낸다.

- **변화 수용 단계**

지속적인 자기 개발을 통해 변화에 발 빠르게 대처한다.

이러한 단계들이 실제로 어떻게 구현되고 있는지 다음 사례를 통해 분석해 보자.

사례 1. 모 증권사 지점장 A씨

모 증권사의 지점장인 A씨는 업계에서 최고로 인정받는 실력가다. 그가 근무하는 지점은 늘 그해 최고의 실적을 올려 회사 내에서 A씨는 '미다스의 손'이라 불리고 있다.

그 정도의 위치에 오르면 사람이 거만해질 법도 하건만, A씨의 모습은 자만이나 나태와는 거리가 멀다. 그는 오늘도 이번이 마지막 기회라 여기며 일에 대한 열정을 불태우고 있다.

자기 탐색 단계

A씨는 어려서부터 은행원이 꿈이었다. 경제적으로 어려운 사람들을 도울 수 있는 은행 업무가 매력적으로 느껴졌다. 그는 은행원이야말로 자부심을 가지고 일할 수 있는 전문직이라고 생각했다.

목표 설정 단계

그런데 은행에서 일하는 사람들에게 자문을 구하니 그가 생각했던 것과는 많은 차이가 있었다. 은행보다는 그 무렵 각광받기 시작한 증권사가 자신의 적성에 더 맞을 것 같았다. 그때부터 A씨는 증권사 취직을 위해 필요한 것들을 공부하면서 증권사에 근무하는 선배들을 찾아다니며 업무에 대해 이것저것 상세히 물었다.

콘텐츠 개발 단계

A씨는 증권 회사에 들어가 고객들의 구좌를 관리하는 일을 맡았다. 그는 일단 자신과 연을 맺은 고객은 평생 고객으로 만들겠다는 목표를 세웠다. 그러기 위해서는 고객의 수익 증대를 최우선으로 하고, 이를 위해 좀 더 나은 서비스를 제공할 필요가 있었다.

A씨는 고객의 요구가 있을 때는 물론 고객이 요구하지 않아도 시장 상황이나 동향에 대한 정보를 미리 준비해 알려 주었다. 이런 노력은 곧 고객들에게 좋은 인상을 심어 주었고, 그를 찾는 고객은 점점 늘어났다. A씨는 이런 고객들의 반응에 보답하듯 증권 관련 지식과 정보를 지속적으로 업그레이드했고, 고객이 어떤 질문을 하더라도 바로 해결책을 제시할 수 있을 정도로 공부했다.

적응 유지 단계

그는 불과 30대 중반에 지점장으로 승진했다. 너무 젊은 나이여서 불공정한 인사라는 뒷말이 나오기도 했다. 지점장 업무를 시작한 후로는 기대 이하의 수익으로 인해 고객으로부터 욕설을 듣기도 했다. 하지만 견디지 못하면 살아남을 수 없다는 각오로 고객 관리에 최선을 다했다. 다행히 노력은 헛되지 않았고, 지점장 승진 4년 만에 지점의 자산 규모가 열 배로 늘어나는 성과를 달성했다.

변화 수용 단계

A씨는 어려움이 닥칠 때마다 주저앉는 대신 그것을 자신을 변화시키는 계기로 삼았다. 최근에는 금융 변혁을 야기할 자본통합법 시행에 대비해 파생 상품에 관하여 공부하면서 퇴직 연금 유치에도 적극 나서고 있다.

사례 2. 변리사 B씨

B씨는 육아 문제로 인해 자신의 일을 포기해야 했다. 하지만 좌절하기보다는 곧 변리사라는 새로운 목표를 찾아냈고, 이를 이루기 위해 노력을 그치지 않았다. 결국 그녀는 시험에 합격하여 자격증을 딸 수 있었다.

그 후로 B씨는 자기가 원하는 것과 자신에게 주어진 환경을 잘 조화시켜 계획을 수립했고, 그 계획을 제대로 실천하기 위해 노력하고 있다.

자기 탐색 단계

부모님의 강권에 못 이겨 사범 대학에 진학했던 B씨는 학교생활에 회의를 느껴 전과를 결심했다. 그녀는 곧바로 휴학을 하고 재수 끝에 영어 관련 학과에 진학했다. 자기가 원하는 공부를 하니 학교생활이 즐거웠다. 영어 연극 동아리 활동도 하고, 교내 영자 신문 만드는 일에도 적극적으로 참여했다.

4학년이 된 그녀는 나름의 기준을 가지고 직장을 찾았다. 그러던 중 브랜드 네이밍 회사의 신입 사원 모집 공고를 보게 되었다. 전문직이라서 결혼 후에도 지속적으로 일할 수 있다는 점이 마음에 들었다. 게다가 4년 동안 갈고닦은 영어 실력을 마음껏 활용할 수 있을 듯했다.

목표 설정 단계

그러나 결혼 후 출산을 하게 된 B씨는 육아 문제 때문에 회사를 그만두고 4년 동안 전업주부로 살아야 했다. 아이가 어느 정도 자라자 다시 직장을 다니기로 결심했다. 그러나 4년이란 공백기 때문에 같은 분야에서의 재취업은 쉽지 않았다.

그녀는 여러 가지 궁리 끝에 변리사 자격증을 따기로 마음먹었다. 나라가 선진화될수록 특허 관련 산업이 발전하리라는 기대 때문이었다.

아침에 아이를 유치원에 보낸 후부터 자격증 공부에 몰입했다. 그러던 중 둘째까지 출산했다. 변수도 많고 참 쉽지 않은 과정이었다.

그러나 산후 조리를 마친 후에는 친정어머니가 아이를 돌봐 주는 시간을 이용해 틈틈이 공부를 할 정도로 열성적이었다.

아침 8시부터 저녁 8시까지 엉덩이 한 번 떼지 않고 시험 준비에 매진했지만 그녀는 몇 번의 고배를 마셔야 했다. 결국 세 번의 낙방 끝에 가까스로 시험에 합격할 수 있었다.

콘텐츠 개발 단계

특허 법률 사무소에서 근무하게 되었지만 오랫동안 멀리한 영어가 발목을 잡았다. 외국인을 상대로 하는 일이 많은 탓에 업무에서 어려움을 느낄 수밖에 없었다. 시험만 통과하면 모든 일이 만사형통일 줄 알았던 B씨에게는 예기치 않은 난관이었다.

영어 공부의 필요성을 절감한 그녀는 바로 그날부터 영어와의 싸움에 돌입했다. 학원에 다닐 만한 형편이 아니었기 때문에 아침저녁으로 MP3를 끼고 영어를 반복해서 들었다. 그렇게 꾸준히 노력하다 보니 어느덧 외국인과의 대화가 자연스러워질 정도로 회화 실력이 늘었다.

영어 외에도 난관은 있었다. 변리사의 전문성을 높이기 위해서는 다방면의 법률 지식이 필요했다. 야간 대학원을 다닐 생각도 해 보았지만 그럴 만한 형편이 아니었다. 그래서 결국 집에서도 공부할 수 있는 방송 대학에 진학해 법학을 공부하기로 결정했다.

적응 유지 단계

현재 B씨는 같은 업종에 종사하는 사람들과 자주 만나면서 정보를 공유하고 네트워크를 형성하는 일에 적극적으로 나서고 있다. 그 밖에도 글로벌화 추세에 따른 각종 정보와 지식을 책이나 관련 모임을 통해 습득하고 있다. 당장의 업무에도 여러모로 도움이 되지만, 앞으로 자신의 회사를 설립했을 때에도 많은 도움이 될 것이라는 생각 때문이다.

변화 수용 단계

그녀는 두 아이가 조금 더 크면 아이들을 데리고 유학을 떠날 계획도 세워 놓고 있다. 그곳에서 로스쿨을 다니면서 업무에 필요한 전문성을 높이고 영어 구사 능력을 더욱 연마할 계획이다.

토머스 에디슨은 자신의 일에서 끊임없이 기쁨을 찾고 보상을 받았다고 한다. 그러다 보니 세상이 성공이라 부르는 상태에 자연스럽게 도달했다고 말했다. 자신의 일을 진정으로 즐겼기에 위대한 발명가 반열에 오를 수 있었다는 뜻이다. 아무리 천재라도 노력하는 사람을 이길 수 없고, 노력하는 사람은 즐기는 사람을 이길 수 없다고 하지 않던가. 진정으로 자신의 일이 좋아서 즐기며 일하는 사람은 어떤 곳에서든 환영받는 인재가 될 수 있다.

모두가 원하는 인재가 되는 방법은 어렵지 않다. 자신의 흥미와 적성을 최대한으로 고려하며 스스로를 탐색하는 시간을 가져 보는 것. 일할 곳을 찾는 것은 다음 문제다. 자신이 좋아하고 잘할 수 있는 일을 파악하면 일할 곳은 자연스럽게 찾을 수 있다. 그리고 그에 맞추어 커리어 관리를 꾸준히 해 나간다면 진로를 잘못 선택해서 겪는 시행착오는 줄일 수 있다.

앞의 두 사례는 각자 시기와 정도의 차이는 있지만 바람직한 커리어의 5단계를 거치고 있다. 물론 개인의 차이에 따라 순서가 뒤바뀔 수도 있고, 다음 단계로 가기 전에 앞 단계를 반복할 수도 있다. 이런 차이는 시간과 노력에 따라 달라진다.

요즘은 '생애 커리어 개발Life Career Development'이라는 표현까지 쓸 정도로 커리어가 한 개인의 인생 전체를 관통하는 의미로 사용된다. 커리어 개발은 개인이 수동적으로 정해진 경로를 따라가는 것이 아니라, 능동적으로 자신을 탐색하고 직업 세계를 포함한 주변 세계를 올바르게 이해해 가는 과정이다. 그런 가운데 개인의 인생은 점차 풍요롭고 새로워지는 것이다.

미국 하버드 대학의 교수이자 경영학계의 아인슈타인이라 불리는 클레이턴 크리스텐슨은 순탄치 않은 인생을 살아왔다. 그는 어려서부터 교수가 되고 싶었지만 집안이 가난한 탓에 공부를 맘껏 하기가 힘들었다. 하지만 그는 포기하지 않았다. 보스턴 컨설팅에 다니며 돈을 모은 그는 마흔 살이 될 무렵 원하던 공부를 새롭게 시작했다. 그리고 각고의 노력 끝에 1992년 하버드 비즈니스 스쿨 교수가 되었다.

이처럼 아무리 어려운 상황에 처해 있다 해도 목표를 세우고 포기하지 않는 태도, 이것이 바로 커리어 관리의 기본이다.

앞의 두 사례를 통해 나는 여러분이 자신이 어떤 단계에 있는지를 대부분 파악할 수 있었으리라 생각한다. 다만 중요한 점은 자신이 어떤 단계에 머물러 있든 진정으로 원하고 목표로 하는 것이 무엇인지를 정확히 파악하고 있으면 시행착오는 있을지언정 실패란 있을 수 없다는 것. 물론 아무리 해도 가망이 보이지 않는 일이라면 진로를 바꿔야겠지만, 인생의 변수는 늘 존재한다는 사실을 숙지한다면 인생 설계에 많은 도움이 될 것이다.

20대의 커리어를 완성시키는 3C

자, 이제 커리어의 5단계를 알았다면 자신의 커리어가 어떤 과정으로 설계될 것인지에 대한 본격적인 준비를 해야 한다. 나 자신의 흥미와 적성, 그리고 어떤 분야에 대한 관심으로 어떻게 커리어를 설계해야 하는지에 대한 틀이 잡혔을 것이라 생각한다.

그렇다면 이제 자신의 커리어를 완성시켜 가는 과정에서 꼭 짚고 넘어가야 하는 개념이 있다. 그것은 바로 3C라는 개념이다. 3C란 커리어를 쌓는 데 있어 크게 세 가지 영역에서 개인이 발휘할 수 있는 능력을 뜻한다. 먼저 개인 역량을 뜻하는 'Competency', 그리고 조직에서의 경쟁력을 의미하는 'Competitiveness', 그리고 마지막으로 글로벌 시대가 요구하는 기여도를 뜻하는 'Contribution'이 그것이다.

개인 역량을 키운다는 말은 자신에게 내재된 적성과 흥미 등을 최대한 고려하여 자신이 잘할 수 있는 능력을 최대치로 이끌어 낸다는 뜻이다. 그리고 이를 충족시키기 위해서는 흥미, 목표, 스킬, 전문성, 비전 등의 콘텐츠가 필요하다.

또한 조직에서의 경쟁력을 키운다는 것은 장차 자신이 일하게 될 회사에서 인정받기 위해 갖추어야 할 조건이다. 이는 비전과 주인의식, 커뮤니케이션 능력, 인성, 실행력 등의 콘텐츠를 필요로 한다.

마지막으로 우물 안 개구리에서 벗어나 세계 시장에서 부가 가치를 창조하기 위해서는 글로벌 마인드, 도전 정신, 창의력, 글로벌 스탠더드, 환원 등의 콘텐츠가 필요하다.

한 사람이 자신의 커리어를 완성해 나가기 위해서는 이 세 가지 영역에서 요구하는 열다섯 가지 콘텐츠를 하나씩 섭렵해 나가야 하는 것이다.

요즘 각 기업에서 다양한 인재상을 내세우는 것도 비슷한 맥락이다. 각 기업의 비전과 가치에 부합하는 인재를 채용하는 것이 그 기업의 미래를 보장하기 때문이다. 이는 기업의 역사와도 깊이 연관되어 있으며, 설립자와 경영자의 가치와도 부합한다.

나는 이 책을 집필하기 위해 CEO들을 만나면서 그들의 인생을 꿰

뚫는 중요한 가치에 대해 인터뷰했다. 누구나 자신의 길을 개척해 오면서 일순위로 생각하는 가치가 있을 것이라는 생각 때문이었다. 그리고 그들이 강조하는 이 다양한 가치야말로 취업을 목전에 두고 탕황하는 20대들이 자신이 원하는 스펙과 커리어를 쌓기 위해 꼭 알아야 하는 개념, 즉 진정한 스펙을 쌓기 위해 얻어야 하는 콘텐츠라는 확신이 생겼다.

다음 장부터는 각 기업 CEO들의 일화를 통해 이 콘텐츠에 대해 설명하겠다.

2

새우가 고래 되는
아주 특별한 방법

자기 역량을 높이기 위해서는 '할 수 있는 일'이 아니라
'신바람 나게 하고 싶은 일'을 찾아야 한다.
그리고 그보다 더 하고 싶은 일이 생기면 과감히
변화를 꾀할 수도 있어야 한다.

Competency

무엇을 하든,
일단 내 목소리에
귀를 기울여야 한다

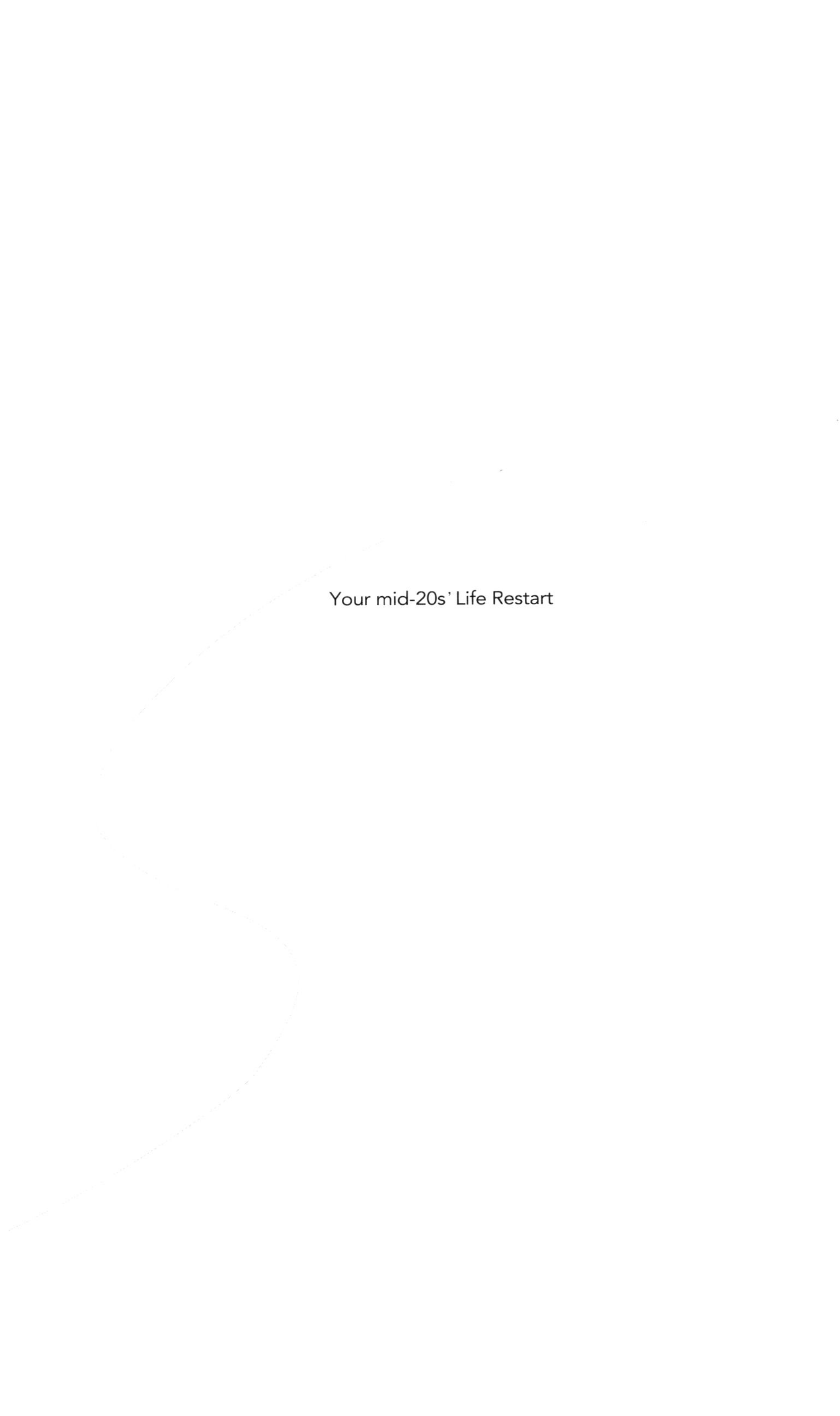

Your mid-20s' Life Restart

세상은 진정
어떤 개인에게 열광하는가

평생직장의 신화가 사라진 요즘 사람들은 회사가 자신의 성향과 맞지 않거나 다른 곳에서 더 좋은 조건을 제시할 경우 주저 없이 직장을 옮긴다.

앞서 설명했듯이 프로틴은 자신의 정체성을 찾기 위해 끊임없이 스스로 배워 가고, 환경의 변화에 따라 자신의 인생과 경력을 재조정할 수 있는 능력을 갖춘 사람을 의미한다. 따라서 나는 이 책에서 프로틴 경력이란 용어를 사용하여 다양한 경력의 중요성을 설명했다. 프로틴 경력으로 대변되는 커리어 패러다임의 변화는 쉼 없는 현실 인식과 자기 개발을 요구한다. 평생 동안 자신의 커리어를 스스로 관리해야 한다는 뜻이다.

프로틴은 기업가적인 사고방식을 가졌다. 무슨 일을 하든 자신이 회사의 CEO란 마음가짐으로 달려든다. 21세기의 글로벌 기업들은 이런 스타일의 인재를 원한다. 그런데 이런 인재가 되기 위해서는 반드시 갖추어야 할 덕목이 있다. 바로 개인 역량Competency이다.

세계적인 기업인 헤이 컨설팅 그룹에서 내린 정의에 따르면, 역량이란 업무를 탁월하게 수행해 내는 사람에게서 발견되는 공통적인 행동 특성 모두를 일컫는다. 쉽게 말해 목표를 달성하고자 하는 의지가 아주 강하다든지, 지식 탐구에 대한 호기심이 매우 높다든지, 감성적인 측면이 특히 발달했다든지 등의 성과를 이끌어 내는 행동을 뒷받침하는 특성을 의미한다.

사람은 누구나 남과 구별되는 자신만의 역량을 가지고 있다. 어린 아이들이 주변 사물에 나름의 의미를 부여하고 새로운 세계를 창조하는 것을 보면서 깜짝 놀랄 때가 있지 않은가. 이는 세상에 대한 호기심과 자기 내면의 요구를 거부감 없이 받아들인 결과이다.

아이는 자라면서 내면의 속삭임에 귀를 기울이기보다는 사회의 요구에 부응하기 위해 애를 쓰게 된다. 그러다 보면 자연히 자기 역량 개발에 소홀해질 수밖에 없다.

입시 위주의 교육과 생계 수단형 근로관이 뿌리 깊은 우리 사회에서 개인 역량은 시간이 갈수록 점점 미약해진다. 그 결과 사람들은 자신의 가치관, 적성, 흥미는 묻어 두고 타인의 기준에 자신을 끼워 맞추게 된다. 아마 여러분도 마찬가지일 것이다.

아직까지도 토익 점수 900점대를 인생 최대의 목표로 삼고, 대기업 입사를 성공의 잣대처럼 여기는 모습이야말로 우리 사회의 슬픈 자화상이라 할 수 있다.

1990년대부터 GE, 모토로라 등 미국 대기업들은 인재 개발 및 채용, 평가 등에서 개인 역량을 중요한 기준으로 삼았다. 시장 경쟁이 치열해지면서 창의적 업무 영역이 확대되었기 때문이다. 이런 세태이다 보니 수동적인 사람보다는 능동적인 사람이, 보수적인 사람보다는 창의적인 사람이 인재로 평가받게 되었다.

이제 우리 사회도 개인 역량을 중시하는 쪽으로 변모해 가고 있다. 어디서든 환영받는 인재가 되길 원한다면 우선 개인 역량을 높이는 데 역점을 두어야 할 것이다.

이어지는 사례들을 통해 어떤 식으로 개인 역량을 키울 수 있을지 고민해 보도록 하자.

끌리지 않으면
시작을 마라

누구나 자신이 좋아하고 흥미 있는 일을 할 때 능률이 오르고 만족감도 커지게 된다. 그런데도 많은 사람이 자기가 흥미 있어 하는 일보다는 남들이 비전 있다고 말하거나 대우가 좋은 직업을 맹목적으로 추구한다. 그러다 보니 어렵게 취업을 하고 나서도 회의와 불만을 품기 쉽다. 불만이 가득한 상태로 업무에 임하면 자신의 역량을 제대로 발휘하기 힘들다.

그런 면에서 크리스탈지노믹스의 조중명 대표는 현명한 선택을 했다. 그는 자신이 흥미를 느끼는 일을 직업으로 택했고, 그랬기 때문에 그 분야에서 자신의 역량을 유감없이 발휘할 수 있었다.

현재 조 대표는 우리나라 신약 개발 분야에서 독보적인 존재이다. 국내 최초로 미국 식품의약국[FDA] 승인을 받은 LG생명과학의 '팩티브' 개발을 이끌었고, 세계 최초 발기 부전 치료제인 '비아그라'가 어떤 원리로 작용하는지에 대해 분석하여 2003년 9월 세계 최고 권위의 학술 전문지 《네이처》에 싣기도 했다. 이런 성과들은 모두 자신이 관심과 흥미를 가지고 추진했기에 가능한 것이었다.

'마음이 가는' 일을 선택하라

개인 역량을 높이기 위해서 우선적으로 신경 써야 할 것은 '내가 무엇에 흥미를 느끼는가?'이다. 흥미란 어떤 대상에 대하여 특별히 주의를 기울이려는 감정이다. 흥미는 자연스럽게 대상에 대한 열정을 불러일으키고, 자신의 태도를 변화시키며, 장기 목표를 세우게 한다.

조중명 대표는 어릴 때부터 살아 움직이는 생물에 특히 흥미를 느꼈다. 그로 인해 서울대 동물학과에 진학했고, 그곳에서 생명 과학에 대한 관심도 싹틔웠다.

교수가 되겠다는 목표를 세운 것도 생명에 대한 흥미가 열망을 낳고, 열망이 가슴속에서 성장한 결과였다. 그랬기에 누가 시키지 않아도 자연스럽게 일에 몰두할 수 있었다.

물론 자신에게 흥미진진한 일을 직업으로 선택했다고 해서 진로 설계가 끝나는 것은 아니다. 그 후에도 인생을 살아가면서 여러 번 선택의 기로에 서야 하고, 그때마다 어려운 결단을 내려야 한다.

조 대표 역시 마찬가지였다. 미국 유학은 그에게 일생일대의 전환점이 되었다. 박사 학위를 취득하고 베일러 의과 대학에서 박사 후 연구 활동을 하던 무렵이었다. 갑자기 우리나라에 생명 공학 붐이 일면서 많은 곳에서 분자 생물학자를 필요로 하게 되었다. 그러나 한국인 중에서 분자 생물학 학위를 가진 사람은 5명에 불과했다. 그도 그중 한 사람이었다.

생명 과학 연구소를 설립한 우리나라 대기업들은 그를 스카우트하기 위해 앞다투어 사람을 보내왔다. 그 가운데에는 LG의 구자경 회장도 있었다. 구 회장은 생물학을 전공한 사람답게 생명 공학의 중요성을 절감하고 있었다. 그래서 그에게 최고의 연구 시설과 지원을 약속하며 미국에 설립한 연구소의 책임 연구원 자리를 맡아 달라고 부탁했다. 그로서는 섣불리 승낙도 거절도 하기 힘든 상황이었다.

조 대표는 갈등 끝에 교수의 꿈을 포기하고 연구원의 길을 택했다. 여건이 좋지 않은 대학의 연구 시설보다는 충분한 지원을 받으며 뜻을 펼칠 수 있는 기업의 연구소가 자신의 욕심을 충족시켜 줄 수 있으리라 여겼기 때문이다. 하지만 그는 결국 잘나가던 대기업 연구소장의 자리를 뒤로하고, 바이오 벤처 사업으로 뛰어들게 된다. 이는 궁극적으로 그가 진정으로 하고 싶은 일, 마음이 가는 일을 우선적으로 선택했기 때문이다.

누구나 직업을 선택하는 일은 쉽지 않다. 어렵게 흥미를 유발하는 분야를 찾았다 해도 현실적인 여건이 앞길을 막고 있는 경우가 허다하다. 그렇다고 낙담할 필요는 없다. 당장 길이 막혔더라도 애착의 끈을 놓지만 않는다면 곧 다른 길을 발견할 수 있기 때문이다.

조 대표는 교수직을 목표 삼아 꾸준히 달려왔지만 세상의 변화에 발맞춰 진로를 수정하지 않을 수 없었다. 그렇다고 해서 그가 꿈을 포기한 것은 아니었다. 그는 교수라는 직업보다는 평생 연구에 몰두할 수 있는 환경을 우선순위에 두었기 때문이다.

이처럼 생애를 통틀어 볼 때 직업이란 인생을 연결하는 하나의 징검다리이지, 그것 자체가 목표는 아니다.

'내가 진짜 원하는 삶은 뭘까?'

우리도 끊임없이 자신의 내면에 묻고, 진심으로 마음이 끌리는 일을 선택해야 한다. 그래야 나중에 '아, 이건 내가 원하는 일이 아니었어' 하며 후회를 하지 않는다.

간절히 원하면 뭐든 이루어진다

이처럼 자기 역량을 높이기 위해서는 '할 수 있는 일'이 아니라 '신바람 나게 하고 싶은 일'을 찾아야 한다. 그리고 그보다 더 하고 싶은 일이 생기면 과감히 변화를 꾀할 수도 있어야 한다. 그런 진취적인 태도를 가져야만 능동적인 커리어 관리가 가능하다. 새로운 일에 과감히 도전하는 진취성이야말로 흥미가 낳은 바람직한 특성 가운데 하나다.

조중명 대표는 변화를 두려워하지 않는다. 그의 목표는 누구의 간섭도 받지 않는 독자적인 연구 조직을 완성하고 연구를 마음껏 하는 것이었다. 그리고 이를 통해 한국을 바이오 기반의 지식 사회로 업그레이드하고자 했다. 그런 이유로 미래가 보장된 직장을 그만두고 창업에 도전했다.

연구밖에 몰랐던 그에게 경영은 결코 쉬운 일이 아니었다. 창업을 하자마자 예상치 못한 자금 문제가 발목을 잡았다. 독립을 결심하고 대외비로 파트너와 투자자 등을 물색해 둔 일이 언론에 알려지면서 대기업들의 투자가 사실상 막혀 버린 것이다. 벤처 캐피털로부터 지원받은 10억 원은 비싼 연구 기기들을 들여놓는 데 모두 들어간 후였다.

사정이 이렇다 보니 직원들 월급조차 제대로 지급할 수 없었다. 어려운 상황이었지만 낙담하지 않았다. 좋아서 선택한 일이니 이만한 어려움쯤은 이겨 내야 한다고 생각했다.

그때부터 그는 분주히 뛰어다니며 사람들을 만나 설득하고 비전을 제시했다. 그러는 동안 미국 유학 시절부터 알고 지내던 지인들이 투자의 손길을 뻗어 왔다. 그의 노력과 도전 정신이 사람들의 마음들 움직이게 한 것이다.

사실 흥미와 같은 내적 콘텐츠는 관찰하기도 어려울뿐더러 바꾸기도 힘들다. 그러니 그에 부합하는 직업을 찾는 것이 자기 역량을 효과적으로 높일 수 있는 방법이다. 조 대표가 어려운 상황을 극복할 수 있었던 것도 자신의 일에 대한 흥미와 애착 덕분이었다.

조 대표는 지금도 바이오 분야에 대한 연구에 매진하고 있다. 남들이 사서 고생하지 말라고 할 때마다 그는 자신이 즐거워서 하는 일이라고 대답한다. 전 세계에서 가장 멋있는 연구소를 만들고, 그곳에서 연구원들과 함께 연구하고 토론하는 것이 꿈이라고 입버릇처럼 말하기도 한다.

하고 싶은 일을 하는 사람들에게 과중한 업무는 고통이 아니라 곧 즐거움이다. 열정적으로 일하다 보면 어느새 근심 없이 일에 몰두하고 있는 자신의 모습에 만족하게 된다. 이처럼 흥미는 개인 역량을 키울 수 있는 가장 기본적인 콘텐츠다.

흥미보다 좋은 스승은 없다
알베르트 아인슈타인

칼을 들었으면 일단은
뭐라도 썰어야 한다

진로를 상담하는 졸업반 학생은 크게 두 가지 유형으로 나눌 수 있다. 아직 무슨 일을 해야 할지 몰라 이 회사 저 회사에 입사 원서를 넣거나 공부에 큰 뜻이 없으면서도 대학원이나 유학을 준비하는 학생들이 한 유형이다. 또 다른 유형은 자신이 취업하고 싶은 분야와 직장에 관한 자료를 충분히 조사하고 만반의 준비를 한 후에 이력서를 내고 기다리는 학생들이다.

당연히 후자의 학생들이 취업할 가능성이 더 높다. 목표가 있다면 그것을 성취하고자 하는 의지가 생기고 난관을 극복할 힘을 얻게 된다. 그만큼 목표는 중요하다.

한국로얄코펜하겐의 남기령 대표는 이런 목표의 중요성을 몸소 보여 준 인물이다. 30대 초반이라는 젊은 나이에 외국계 기업의 CEO가 될 수 있었던 것은 분명한 목표를 정하여 끊임없이 도전한 덕분이었다. 그녀의 행적을 따라가다 보면 목표가 커리어 관리에 어떤 역할을 하는지 알 수 있다.

장기 목표와 단기 목표

적성에 맞고 흥미를 유발하는 분야를 찾은 다음에는 목표를 세워야 한다. 목표를 세울 때는 단기간에 이룰 수 있는 목표와 장기간의 노력이 필요한 목표로 나누고, 그 상관관계에도 신경을 써야 한다. 단기 목표의 완수가 장기 목표를 이루는 과정이 될 수도 있기 때문이다. 그래야만 방향을 잃거나 쉽게 포기하는 사태를 막을 수 있다.

남기령 대표는 일찍이 경영에 관심이 많았기에 앞으로 자기 사업을 하겠다는 장기 목표를 세웠다. 그러고 나니 막연히 짐작만 할 게 아니라 직접 몸으로 부딪혀 생산 현장의 생리를 터득해야겠다는 생각이 들었다. 그래서 대학을 졸업하자마자 친척이 경영하는 윤활유 회사의 생산직 사원으로 들어갔다.

일단은 공장 일에서 뒤지지 않는 것이 단기 목표였다. 드럼통을 닦고 굴리고 커다란 기계로 뚜껑을 씌우는 일은 신참인 그녀에게는 결코 쉽지 않은 것이었다. 그래도 악착같이 일에 매달려 부족한 부분을 채웠고, 밤샘 작업도 마다하지 않았다.

일이 끝나면 직원들과 어울려 술잔을 기울이면서 많은 이야기를 나누기도 했다. 그러면서 업무의 효율성을 고민하고, 직원들의 애로 사항에 귀를 기울였다. 이는 장기 목표를 이루는 데 필요한 밑거름이 되었다.

커리어를 제대로 관리하고 싶다면 남 대표처럼 목표를 명확히 구분하고 그에 맞는 노력을 기울여야 한다. 이를 가볍게 여겼다가는 곧 목표를 잃고 방황하는 신세로 전락할 수도 있다.

장애물을 겁내지 마라

목표를 정해 놓고 그곳을 향해 나아가다 보면 온갖 장애물을 만나게 마련이다. 그럴 경우 목표가 흐릿한 사람은 이를 넘지 못하고 주저앉지만, 목표가 분명한 사람은 이를 극복하고 다시 앞으로 나아간다. 남 대표는 후자에 속하는 사람이다.

그녀는 MBA 과정을 거치기 위해 공장을 그만두고 영국 유학길에 올랐다. 학부 시절부터 인사 관리와 마케팅에 남다른 관심을 가지고 있었기에 영국에서의 공부는 즐겁고 보람이 있었다. 상상 속의 회사를 운영하면서 하루하루를 보냈다. 조직은 어떻게 구성하고 조직원들에게 자신의 비전을 어떻게 심어 줄지 생각하다 보면 하루가 훌쩍 지나갔다.

그렇게 경영에 대한 전문성을 키운 후 남 대표는 한국으로 향하는 비행기에 몸을 실었다. 자신이 원하는 회사에서 마음껏 역량을 발휘해 보겠다는 꿈에 부풀어 있었다.

그러나 세상일이란 뜻대로만 되는 것이 아니다. 한국에 돌아와 보니 외환 위기 사태로 경제 상황이 매우 악화되어 있었다. 수많은 기업이 도산을 했고, 간신히 살아남은 기업들도 고통스러운 구조 조정에 들어간 상태였다. 있는 사람도 자르는 판에 새로운 직원을 뽑는 회사가 많을 리 없었다.

하지만 남 대표는 목표가 명확했기에 쉽게 흔들리지 않았다. 그녀는 외국계 기업 입사를 목표로 정했다. 국내외의 경제 흐름과 기업 문화를 종합적으로 분석한 결과 우리나라에 지사를 둔 글로벌 기업이야말로 자신의 능력을 충분히 발휘할 수 있는 곳이라고 판단한 것이다.

"목표를 보는 자는 장애물을 겁내지 않는다."

영국의 극작가인 해나 모어의 말이다. 확고한 목표가 있으면 어떤 장애물도 넘을 수 있다는 자신감이 생긴다.

목표 수정의 융통성

목표를 향해 나아가다 보면 종종 진로를 바꾸어야 할 때가 있다. 그러다 가끔은 목표 자체를 수정하게 되는 경우도 생긴다. 이를 유연하게 받아들이는 사람만이 자신이 세운 목표에 도달하게 된다.

그녀는 자신의 역량을 극대화할 수 있는 소비재 분야의 기업들을 떠올렸다. 유한킴벌리, 피앤지 등의 회사가 물망에 올랐다. 도서관에서 회사 연감을 찾아 리스트를 만들고 각 기업체의 규모와 제품의 특성, 기업 문화 등을 파악했다. 인터넷이 발달한 시절이 아니었기에 자료 조사에 많은 수고를 들여야 했다.

남 대표가 조사 작업을 마쳤을 때 작성한 리스트에는 50여 개의 기업이 들어 있었다. 그녀는 리스트에 오른 모든 기업에 정성스럽게 이력서를 작성해 보냈다. 이력서를 보낸 뒤에는 잘 받았는지 확인 전화까지 했다.

연락을 기다리던 중 우연히 신문에서 한국로얄코펜하겐에서 매장 직원을 뽑는다는 공고를 보게 되었다. 그 순간 이제껏 기업 리스트를 만들고 이력서를 보낸 것이 헛된 일이었음을 깨달았다. 그 회사야말로 자신의 능력을 100% 발휘할 수 있는 곳이라는 생각이 들었기 때문이다.

홈 데코에 관심이 많던 그녀는 예쁜 그릇이나 소품들을 수집하는 취미가 있었다. 그런 그녀에게 로얄코펜하겐은 단순한 브랜드가 아니었다.

로얄코펜하겐은 북유럽을 대표하는 로얄스칸디나비아 그룹의 식기 브랜드이다. 덴마크 왕실의 후원 아래 설립돼 유럽 각국 왕실의 사랑을 받아 온 덴마크의 상징 같은 존재라 할 수 있다.

그곳에서 만든 식기는 세계적으로 유명한 레스토랑이나 국빈을 위한 만찬 자리에서 주로 쓰였고, 오드리 헵번 주연의 영화 '마이 페어 레이디', 메릴 스트립이 출연한 영화 '아웃 오브 아프리카'에도 등장했다. 엘튼 존, 오프라 윈프리, 마이클 조든, 일본 왕세자비 오와다 마사코 같은 세계적인 명사들이 마니아라 자처할 정도이니, 그 가치가 얼마나 대단한지는 미루어 짐작할 수 있다.

로얄코펜하겐을 동경하던 그녀였기에 매장 직원으로라도 일하고 싶었다. 그래서 주저 없이 이력서를 보냈다. 얼마 지나지 않아 회사 측으로부터 면접을 보고 싶다는 연락이 왔다. 그녀는 한없이 들뜬 마음으로 회사를 찾아갔다. 그러나 기대했던 것과는 전혀 다른 이야기를 들어야 했다. 매장 직원으로 일하기에는 그녀의 이력이 너무 화려하다는 것이었다.

헛수고만 하고 돌아왔지만 로얄코펜하겐에 대한 그녀의 애정은 식지 않았다. 이제 다른 회사는 눈에 들어오지도 않았다. 그렇게 며칠이 지난 후 회사에서 다시 연락이 왔다. 명품 식기 브랜드의 국내 시장 점유율과 시장 규모를 조사해 달라는 전화였다.

보수가 없는 일임에도 남 대표는 밤잠을 설쳐 가면서 보고서 작성에 매달렸다. 그 결과 아직 국내에 들어오지 않은 명품 브랜드의 잠재 시장 점유율까지 분석할 정도로 상세하고 치밀한 보고서를 완성할 수 있었다.

　보고서를 보내고 나서 며칠 지난 후 함께 일해 보자는 연락이 왔다. 드디어 그토록 원하던 직장에 입사를 하게 된 것이다. 자신의 마음이 시키는 대로 진로를 수정하고 열정을 쏟아부은 의지 덕분이었다. 상황에 따라 진로를 바꿀 수 있는 융통성은 남 대표의 커리어에 일대 전환점을 가져다주었다.

조급증 버리기

　어떤 목표든 성취하는 과정에는 실패 가능성이 내포되어 있다. 그 가능성을 줄이기 위해서는 자신이 통제할 수 있는 범위 내에서 목표를 세워야 한다.

　개인의 목표와 조직의 목표를 통합해야 할 때는 더욱 그러하다. 제아무리 뛰어난 전략을 세운들 조직 내에서 그것을 받아들이지 않는다면 아무런 소용이 없다는 얘기다.

　남 대표는 자신의 목표대로 한국로얄코펜하겐의 홍보 및 마케팅 실장을 거쳐 지사장 자리에까지 올랐다. 개인적으로는 축하해야 할 일이지만 CEO로서의 고민은 그때부터 시작되었다.

　로얄코펜하겐은 각국 지사장의 70%가 여성일 정도로 개방적인 기업 문화를 가지고 있었다. 그러나 한국이란 특수 상황에서는 나이가 어리고 여자라는 것이 큰 핸디캡이었다. 이를 극복하고 직원들로부터 대표로서의 권위를 인정받는 것이 그녀가 풀어야 할 숙제였다.

그녀는 CEO 취임식 직후 모든 직원과의 일대일 면담을 추진했다. 한 사람씩 만나 자신의 목표와 비전을 제시하고, 직원들의 의견을 수렴하는 과정을 거치면서 비로소 그들의 신뢰를 얻을 수 있었다. 인정받아야 한다는 부담감과 조급증을 버리고 현명하게 대처한 결과였다. 직원들이 자신의 말에 귀를 기울이게 되자 그녀는 그동안 생각해 온 전략을 하나 둘 풀어 놓기 시작했다.

그중 'Table Top Exhibition'이라는 테이블 데커레이션 이벤트는 한국로얄코펜하겐만의 독창적인 시도였다. 그녀는 이 행사에 주한 외국 대사 부인들을 비롯한 VIP 고객만을 초청했다. 로얄코펜하겐 브랜드가 명품이라는 이미지를 국내 소비자들에게 각인시키기 위해서였다.

그녀는 그 밖에도 마케터로서 갈고닦은 감각을 발휘하여 시장을 연령대별로 세분하고 그에 맞는 제품들을 개발해 나갔다. 50~60대를 위한 최고급 식기 세트, 30~40대를 위한 로얄코펜하겐의 문양이 새겨진 스카프와 시계, 젊은 여성들을 위한 티라운지, 그리고 아이들을 위한 캐릭터 도자기 인형 등이 그녀의 아이디어로 탄생했다. 이와 같은 업적은 국내에서 로얄코펜하겐의 인지도를 높이는 데 크게 기여했다.

남 대표의 성공은 최선을 다하되 순리를 저버리지 않는 태도에서 비롯되었다고 할 수 있다. 또한 그녀가 정한 목표는 늘 자발적이면서도 실현 가능한 것이었다. 물론 장애물은 늘 생기고 마음이 약해질 때도 있었지만, 그 역시 목표를 향해 나아가는 과정이라 여겼기에 어렵지 않게 극복할 수 있었다.

앤드루 매슈스

원하는 바를 이루기 위해
아무것도 할 수 없다면
애초에 포기하라

개인 역량을 키우는 차원에서의 스킬이란 지식과 기술뿐만 아니라 이를 사용할 때 동반되게 마련인 서비스와 그것이 창출한 가치까지를 포함한다. 목표를 설정했다면 그것을 이루기 위해 반드시 갖추어야 하는 요소가 바로 스킬이다. 아무리 목표를 잘 설정했다고 해도 이를 이룰 수 있는 스킬이 없다면 모든 것은 그림의 떡이나 마찬가지다.

준오헤어의 강윤선 대표가 남다른 커리어를 쌓을 수 있었던 비결 역시 스킬과 밀접한 관계를 맺고 있다.

준오헤어는 전국 50여 개 직영점에 600명이 넘는 헤어 디자이너와

1200여 명의 직원을 둔 기업형 헤어 브랜드이다. 규모로만 따지면 'Ash' 라는 브랜드로 55개 직영점을 운영하는 일본의 아르테 재팬에 이어 세계 2위다.

준오헤어를 이처럼 거대 기업으로 일군 사람이 바로 강윤선 대표다. 그녀는 누구보다 먼저 신기술을 연마하고, 새로운 트렌드를 창조하며 자신의 역량을 키워 왔다.

절실함을 가져라

스킬은 목표가 분명할 때 급속히 발전한다. 그만큼 열정을 가지고 일에 매달리기 때문이다. 뛰어난 장인으로 칭송받는 사람들 역시 자신이 정한 목표를 이루기 위해 기술을 연마하다 보니 그러한 경지에 이른 것이다.

강 대표가 미용실을 하겠다는 목표를 갖게 된 것은 야간 상업 고등학교를 다니던 시절이었다. 어느 날 그녀는 미용실에서 잠시 짐을 좀 맡아 달라는 손님의 부탁을 주인이 냉정하게 거절하는 모습을 보게 되었다.

그녀는 야박한 주인을 욕하기에 앞서 안쓰럽다는 생각이 먼저 들었다. 사소한 부탁을 들어줬더라면 그 손님을 단골로 만들 수 있지 않을까 하는 생각 때문이었다. 그러다 보니 불현듯 자신이 미용실을 운영하면 잘할 수 있을 것 같다는 생각이 들었다.

생각만 해도 가슴이 설레었다. 상고를 졸업해 은행에 취직하는 것보다는 미용실을 운영하는 게 훨씬 더 재미있을 듯했다. 하고 싶은 일을 찾았으니 망설일 이유가 없었다. 그런데 목표를 세우고 나니 미용 기술을 배우는 일이 절실했다. 그녀는 곧 부모님께 미용 기술을 배우고 싶다고 말씀드렸다. 부모님은 반대했지만 개의치 않았다. 그만큼 하고 싶다는 의지가 확고했다.

그녀는 사회생활을 하는 언니의 도움을 받아 미용 기술 학원에 다니기 시작했다. 졸업 후에는 조그만 미용실 보조로 일을 배웠다. 보조가 하는 일은 빨래와 청소 같은 허드렛일이었다.

일을 빨리 배우기 위해 여러 미용실을 옮겨 다녔다. 그런 노력 덕분에 남들보다 빨리 가위를 잡을 수 있었다. 목표를 이루기 위해 필요한 스킬을 비로소 갖추게 된 것이다. 그러나 그녀는 거기서 만족하지 않고, 이제 시작이라고 생각했다.

하루 종일 미용실에서 일을 해도 힘든 줄을 몰랐다. 매일 고된 업무가 끝난 후에는 새로 나온 기술을 익히기 위해 밤늦게까지 연습을 했다.

어떻게 하면 조금이라도 더 세련되게, 손님의 얼굴형에 어울리는 스타일로 만들 수 있을까 고민하는 과정 자체가 즐거움이었다. 그러다 보니 실력이 눈에 띄게 좋아졌다.

1981년 준오헤어라고 쓰인 간판을 걸고, 처음으로 직영점을 낸 이

후에도 그녀는 기술 향상을 위한 노력을 멈추지 않았다. 트렌드에 뒤떨어지지 않는 헤어스타일을 연출하기 위해 미용이나 패션 관련 세미나에 빠지지 않고 참석했다. 새로운 스타일을 창조해 내기 위해 밤낮없이 고민하다 보니 독특한 건축물만 봐도 새로운 커트 스타일이 머리에 그려졌고, 길가에 떨어진 낙엽에서 염색에 대한 영감을 얻기도 했다.

그렇게 꾸준히 노력을 기울이다 보니 어느덧 그녀의 미용 기술은 당대 어떤 헤어 디자이너와 비교해도 뒤처지지 않을 만한 경지에 이르게 되었다. 강 대표가 이런 경지에 이를 수 있었던 것은 무엇보다 목표를 이루겠다는 마음이 절실했기 때문이다.

이처럼 현재 자신이 목표하는 것을 이루기 위한 스킬이 부족하다 여겨진다면 목표에 대한 진정성을 다시 한 번 점검해 보는 것도 좋은 방법이다. 그러면 문제점을 쉽게 발견할 수 있을 것이다.

'소통' 이라는 스킬

지식과 기술이 아무리 뛰어나도 제대로 활용하지 못하면 무용지물이다. 뛰어난 기술을 가지고 실력 발휘를 한다 해도 주변에서 인정하지 않는다면 무의미한 몸짓에 지나지 않는다.

자신의 역량을 제대로 보여 주기 위해서는 주변과의 원활한 소통이 먼저 이루어져야 한다. 그만큼 소통은 성공을 위해 꼭 필요한 스킬 중 하나다.

미용은 공장의 생산 조립 라인과 달라 표준이란 게 없다. 사람마다 미적 기준이 제각각이니 모두를 만족시키기는 어려운 일이다. 고객이 머리를 짧게 잘라 달라고 해서 그대로 하면 너무 짧다고 원망하는지 그 바닥의 생리다.

다른 미용실 사람들과 마찬가지로 강 대표도 처음에는 손님들의 변덕을 탓했다. 그러나 경륜이 쌓이다 보니 고객과의 커뮤니케이션을 제대로 하지 않은 자신의 잘못임을 깨닫게 되었다. 가위를 들기 전에 충분히 대화를 했다면 고객들과 얼굴 붉힐 일은 일어나지 않았을 것이다.

그녀는 단순히 머리만 만지는 것이 아니라 고객들의 마음까지 어루만져야 한다는 사실을 깨달았다. 이것이 바로 고객들을 사로잡을 수 있는 '소통'이라는 스킬이었다.

그 후로 강 대표는 철저히 고객의 입장에서 그들이 원하는 게 무엇일까 생각했다. 일 때문에 새벽이나 밤밖에 시간을 낼 수 없는 손님들을 위해 가게 문을 일찍 열고 늦게까지 닫지 않았다.

아무리 힘이 들어도 추석이나 설 같은 명절을 제외하고는 가게 문을 닫는 일이 없었다. 혹시라도 손님이 찾아왔을 때 가게 문이 닫혀 있다면 그만큼 가게에 대한 손님의 신뢰도가 떨어질 것이라 생각했기 때문이다.

더운 날에는 손님에게 아이스크림을 사다 주고, 머리 손질이 밤늦게 끝날 경우에는 손님을 집까지 바래다주기도 했다. 그러다 보니 가게를 한 번이라도 찾아온 손님은 곧 단골이 되었고, 입소문 덕분에 손님은 점점 늘어 갔다.

이처럼 다른 사람들의 말에 귀를 기울이고 이를 받아들이는 것도 개인 역량을 키울 수 있는 한 방법이다. 그래야만 남들에게 인정받는 스킬을 완성할 수 있고, 목표에 다다르는 일도 어렵지 않게 된다.

학벌보다 중요한 '직무 능력'

열쇠 하면 대부분의 사람은 문을 여는 것으로만 생각한다. 그러나 열쇠는 문을 잠글 때도 쓰인다. 이와 같은 인식의 차이는 전혀 다른 결과를 만들어 내기도 한다.

강 대표는 학벌을 중요하게 여기지 않는다. 굳이 학교가 아니라도 배움을 얻을 수 있는 곳은 얼마든지 있기 때문이다. 모든 일을 실용적으로 생각하는 그녀의 사고방식은 학벌보다는 당장 업무에 필요한 능력을 선호한다. 이것이 바로 직무 능력이다.

그녀가 뒤늦게 경영 대학원에서 경영 이론을 공부하고, 미용 관련 세미나에 빠지지 않고 참석한 것도 그곳에서 배워야 할 전문 지식들이 있었기 때문이다. 심리 상담사와 카운슬러 자격증을 딴 것 역시 마찬가지 이유에서였다.

어떤 분야든 그 일을 하는 데 꼭 필요한 스킬이 있게 마련이지만, 그것을 어떻게 받아들이고 활용할지는 오로지 당사자의 몫이다. 강 대표는 오랜 경험과 고민을 통해 앞으로 준오헤어를 이끌고 갈 인재들이 갖추어야 할 스킬들을 정리했다.

신촌에 '헤어 아카데미'를 설립해 그런 스킬들을 직원들에게 교육시켰다. 미용 실습 과정과 리더십, 소비자 심리학 등은 준오헤어의 직원이라면 누구나 배워야 하는 과목들이다.

그녀는 해마다 10여 명의 직원을 선발해 보름에서 한 달 동안 런던 비달 사순 등 해외 유명 기관으로 연수를 보내고, 재능이 엿보이는 직원은 대학원에 보내기도 한다. 스킬 개발을 통해 인재들이 회사에 기여할 수 있도록 만들기 위해서다.

현재 준오헤어가 세계적 화장품 업체인 웰라가 뽑은 '세계 10대 헤어 브랜드'에 들 정도로 인정받는 것 역시 그녀의 남다른 교육관 덕분이다.

강 대표는 앞으로 직영점을 100개까지 늘리는 것을 목표로 하고 있다. 프랜차이즈가 대세인 미용 업계에서 직영점 100개는 사실 감당하기 어려운 규모이다. 그럼에도 강 대표가 성공을 자신하는 이유는 그녀가 이제껏 쌓아 온 남다른 스킬과 이를 공유한 직원들이 있기 때문이다.

이처럼 자신만의 방식으로 스킬을 찾고 새롭게 발전시켜 나간다면 어디에서나 제 몫을 해내는 인재로 성장할 수 있다. 스킬은 곧 자기 역량을 키울 수 있는 지름길이다.

성공에 비결이 있다면
모든 것을 타인의 입장에서 생각하는 것이다
토머스 J. 왓슨

영원한 2등도 그 자리를 사수하기 위해 1등보다 더 노력한다

현대 사회는 제너럴리스트가 아닌 스페셜리스트를 원한다. 스페셜리스트란 어떤 분야에 대한 해박한 지식과 특화된 해결 방식을 가진 사람을 일컫는 말이다. 한마디로 자신의 분야에 대한 전문성을 가진 사람이 바로 스페셜리스트다.

휴잇어소시엇츠의 한국 지사를 맡고 있는 박경미 대표는 스페셜리스트의 선두 주자이자 프로페셔널이다.

휴잇어소시엇츠는 미국 시카고에 본사를 둔 글로벌 기업이다. 세계 500대 기업의 3분의 1 이상이 이 회사의 고객으로, 직원 급여나 복리 후생, 교육, 퇴직 연금 등 조직 관리 문제에 관한 컨설팅을 받고 있다. 이 거대 기업의 한국 지사를 총괄하고 있다는 사실만으로도 그녀의 능력을 미루어 짐작할 수 있다.

박 대표는 2000년 휴잇어소시엇츠에 입사해 컨설턴트로 활동하다 2004년부터 한국 지사장을 맡고 있다. 그녀는 인사 조직 관리 분야에 대한 전문성을 바탕으로 고객들의 요구에 부응하는 컨설팅을 한다. 대기업 임원들이 인사 조직 관리에 대한 조언이 필요할 때마다 박 대표를 찾는 것은 그녀의 전문성이 인정받고 있다는 뜻이기도 하다.

니즈를 목표로 승화시켜라

평생직장이 보장되던 시대에는 여러 업무에 해박한 제너럴리스트가 대접을 받았다. 하지만 평생직장 개념이 무너지고 기업들의 아웃소싱 문화가 자리를 잡은 지금은 각 분야의 전문가, 즉 스페셜리스트가 우대받는다.

스페셜리스트는 전문성을 기반으로 한 지식 상품과 서비스를 통해 조직의 문제를 해결함으로써 그 가치를 인정받는 사람이다. 그만큼 어떤 조직에서나 꼭 필요한 사람이기도 하다.

박경미 대표가 스페셜리스트의 길로 접어든 것은 외국계 반도체 회사를 다닐 때 인사 업무를 전담한 경험 덕분이었다. 그녀는 갑자기 인사 담당 임원의 자리가 공석이 되는 바람에 인사 관리의 책임을 맡게 되었다.

그동안 과장으로서 대부분의 업무를 위에서 내려오는 지침에 따라 처리해 왔기에 인사 관리의 중책을 맡는 것이 버겁게만 느껴졌다. 그러나 평소에 HR^{Human Resources} 분야에 관심이 있었기에 포기하지 않고 도전해 보기로 했다.

그녀는 부족한 부분을 채우기 위해 HR 및 리더십 프로그램을 찾아다니며 공부를 시작했다. 그러면서 그 분야에 더욱 매력을 느끼게 되었고 잘할 수 있다는 자신감도 생겼다.

HR 전문가로서 성장하겠다는 목표를 세운 박 대표는 자신의 역량을 키울 기회를 찾았다. 그러던 중 휴잇어소시엇츠 한국 지사에서 컨설턴트를 모집한다는 공고를 접하게 되었다.

그녀는 주저하지 않고 그곳에 지원했다. 그 후 전문성을 키우기 위해 많은 노력을 기울였다. 처음부터 그 분야에서 최고가 되겠다는 생각보다는 자신에게 부족하거나 필요한 점을 깨닫고 이를 목표로 선정하여 실천했다. 이런 과정은 그녀를 자연스럽게 스페셜리스트의 길로 인도했다.

이처럼 전문성은 거저 주어지는 것이 아니다. 박 대표처럼 내면의 니즈를 목표로 승화시키고, 그곳에 도달하기 위해 열정을 쏟아부어야만 비로소 진정한 스페셜리스트로 발돋움할 수 있는 것이다. 작은 노력으로 한 분야의 전문가가 되겠다는 얄팍한 생각은 지나친 오만일 뿐이다.

변화에 대처하는 능력

스페셜리스트로서의 전문성이란 고객의 니즈에 순발력 있게 대처하는 능력까지를 포함한다. 이를 갖추기 위해서는 새로운 지식과 정보를 지속적으로 흡수하고, 언제든지 활용할 수 있도록 갈무리를 해두어야 한다.

그런 면에서 박 대표는 누구보다 전문성을 갖추고 있는 사람이다. 그녀를 만나면 언제든 최근 기업 환경 변화에 대한 새로운 소식을 들을 수 있기 때문이다. 이는 자신이 선택한 분야에서만큼은 늘 눈과 귀를 열고 있는 박 대표의 열성 덕분이라 생각한다.

최근 들어 박 대표는 글로벌 환경 변화 속에서 국내 기업들이 어떻게 처신해야 할지를 주로 언급하고 있다. 특히 제너럴리스트만을 양산하는 한국 기업들의 인사 관리 전략의 문제점을 지적한 대목에서는 큰 공감을 이끌어 내기도 했다.

박 대표가 이처럼 HR 업계에서 경쟁력 있는 전문성을 계속 유지하는 비결은 늘 자신을 성찰하고 변화를 두려워하지 않기 때문이다. 그녀는 본사에서 주최하는 다양한 교육 프로그램에는 만사를 제쳐 두고 참석한다. 연사로 나선 세계 유명 석학들의 고견을 들을 수 있고, 동료들의 노하우도 배울 수 있기 때문이다.

현재의 자리에 안주하지 않고 끊임없이 자신을 개발하려는 이러한 자세야말로 전문가에게 배워야 할 특성이다.

든든한 네트워크

전문가로 거듭나기 위해서는 글로벌 네트워크를 구축할 필요가 있다. 세계 각국 전문가들과의 교류를 통한 지식과 정보의 공유는 전문성을 높여 주고 상황 대처 능력을 키워 준다.

박 대표는 네트워크를 만들기 위해 본사의 다양한 프로그램을 활용했다. 해외 사무소에서 일하는 동료 컨설턴트들과 자주 연락하면서 글로벌 HR의 동향을 파악하고 정보와 조언을 얻을 수 있었다. 그렇게 쌓은 네트워크는 든든한 배경이 되고, 국내외에서 좋은 평판을 이끌어 내는 밑거름이 되었다.

이처럼 개인 입장에서 인맥 관리가 중요하다면, 기업 입장에서는 전문성을 갖춘 인재를 선발하는 것이 무엇보다 중요하다. 전문가를 확보하지 못한 기업은 고객의 니즈를 따라가지 못하고, 그러다 보면 결국 무너질 수밖에 없기 때문이다. 뛰어난 전문가를 영입할 수 있느냐의 여부가 기업의 생사를 결정한다는 말은 결코 과장이 아니다.

그 대표적인 예로 모토로라와 스타벅스를 들 수 있다. 많은 사람이 휴대 전화 하면 모토로라, 커피 하면 스타벅스를 떠올릴 정도로 유명한 브랜드들이지만, 요즘은 그 명성이 예전만 못하다.

모토로라는 '레이저' 이후 별다른 히트작을 내지 못하고 있고, 스타벅스는 무분별한 확장의 후유증으로 고전을 면치 못하고 있다. 이는 고객의 니즈를 제대로 파악할 수 있는 전문성을 갖춘 인재를 보유하지 못한 탓이라고 볼 수도 있다.

전문성의 중요성은 아무리 강조해도 지나치지 않다. 원하는 곳에서 제대로 인정받기를 원한다면 변화의 흐름을 잘 읽고 한발 앞서 나갈 수 있는 전문성을 키우는 일이 급선무다.

미래를 예측하는 가장 좋은 방법은
미래를 창조하는 것이다

피터 드러커

우선순위가 없다면
어떤 일도 제대로 해낼 수 없다

　가치는 한 사람의 의사 결정에 영향을 미치고, 행동의 변화를 이끈다. 무엇에 가치를 두느냐에 따라 한 사람의 인생이 달라질 수 있다. 돈을 가치의 우선순위에 두는 사람은 보수가 좋은 직업을 찾고, 명예나 권력에 높은 가치를 두는 사람은 사법 고시를 보거나 정계로 진출할 것이다. 그리고 예술을 사랑한다면 시인이나 배우로 살아갈 것이다. 그렇기에 진로를 고민하는 20대라면 취업에 급급해하기보다는 나에게 진정으로 가치 있는 것이 무엇인가를 충분히 고민할 필요가 있다.

　자기가 가치 있다고 여기는 일을 하는 사람은 그렇지 못한 사람보다 더 큰 만족감을 갖게 된다. 제주국제컨벤션센터의 허정옥 전임 대표는 자신이 가치 있다고 여기는 일을 위해 험난한 인생 여정도 마다하지 않았다.

스스로가 말했듯이 그녀의 인생은 패자 부활전과 같았다. 계속해서 넘어지면서도 다시 일어나 결국 목표 지점까지 이른 그녀를 보면 가치의 중요성을 새삼 느끼게 된다.

시험은 곧 발전의 계기

"가치 있는 일을 이루기 전에는 어떤 방식으로든 시험에 들게 마련이다."

앤드루 매슈스의 말처럼 가치 있는 일을 이루기는 쉽지 않다. 다른 사람들과 다른 가치관을 가지고 있을 때는 더욱 그러하다. 그러나 가치관이 확고한 사람은 아무리 어려운 상황에 처하더라도 자신이 이루고자 하는 바를 포기하지 않는다.

소설가가 되고 싶었던 허정옥 대표가 경영학과를 택한 것은 남들과 다른 길을 가는 삶이 가치 있어 보였기 때문이다. 그녀가 대학에 들어갈 때만 해도 경영학과는 물론 상과대를 통틀어 여자를 찾아보기가 어려웠다. 그렇기에 그곳에서 역량을 발휘한다면 자신의 존재 가치를 증명할 수 있을 듯했다.

당시 상과대 신입생 500명 가운데 여자는 고작 3명이었다. 남자들

틈바구니에서 뒤처지지 않기 위해 그녀는 공부에만 매달렸다. 4년 동안 피나게 노력한 결과 졸업할 때는 남학생들을 제치고 수석을 차지하는 영광을 안았다.

그러나 아무리 성적이 좋아도 여자라는 핸디캡을 극복하기는 쉽지 않았다. 그만큼 여성들이 취직하기가 어려운 시절이었다.

허 대표는 차별이 심한 대기업을 포기하고 그나마 공정한 기회를 보장하는 주택은행을 선택했다. 그러나 주택은행 역시 남녀가 평등한 대우를 받는 조직은 아니었다. 전체 합격자 중 유일한 여성이던 그녀는 입사하기 전 결혼하면 퇴사하겠다는 각서까지 써야 했다.

입사 후의 대우도 크게 다르지 않았다. 그녀는 자신의 능력이나 적성과는 상관없이 창구 업무를 맡아야 했다. 함께 입사한 남자 직원들이 다양한 업무를 익힐 기회를 갖는 것과는 사뭇 대조적이었다.

그런 불공정한 대우를 받으면서도 그녀는 결코 포기하지 않았다. 경쟁력을 키우기 위해 은행 재직 기간에 야간 대학원에 다녀 석사 학위를 땄다. 그리고 은행을 그만둔 후 외국 유학길에 올랐다.

1년 6개월 만에 MBA 과정을 마치고 돌아온 허 대표는 부산 동남은행 기획 조정실 산하 연구원으로 입사했다. 암담한 현실에 좌절하지 않고 자신의 능력을 개발해 스스로 기회를 만든 것이다.

이처럼 현실이 자신에게 적대적이어도 가치관이 분명한 사람은 결코 좌절하지 않는다. 오히려 그 시험에 의미를 부여하고, 그것을 자신의 역량을 키워 나가는 자양분으로 삼는다.

가치관의 재점검

인생을 살아가다 보면 내면의 가치들이 충돌하는 경험을 하게 된다. 커리어를 쌓아 나가는 과정도 마찬가지다. 우선순위를 정해 어느 한쪽을 포기하면 되겠지만, 무엇 하나 소중하지 않은 것이 없기에 결단을 내리기가 쉽지 않다. 바로 그런 때가 자신의 가치관을 재점검해야 할 시기다.

허 대표 역시 그런 경험을 한 적이 있다. 그녀가 은행에 재입사할 때만 해도 최소한 임원까지는 오르겠다는 각오였다. 여성으로서 새로운 영역을 개척한다는 의미가 있었기에 매달려 볼 만한 일이었다.

일에 매진하다 보니 자연히 아이에게 소홀해질 수밖에 없었다. 그 무렵 아이는 제주도에 있는 친정에 맡겨 놓은 상태였다. 직장이 부산에 있었던 탓에 주말에 얼굴 한 번 겨우 보는 형편인지라 엄마로서의 역할을 제대로 하기가 어려웠다.

급기야 직장과 가정 사이에서 심한 갈등을 느끼게 되었다. 뾰족한 해결책을 찾지 못해 고민하다가 선배들에게 조언을 구했다. 그중 한 선배가 박사급 여자 인력이 귀하니 박사 학위를 받으면 보다 자유롭게 능력을 발휘할 수 있을 거라는 조언을 해 주었다.

허 대표는 이를 진지하게 받아들이고 진로를 바꿨다. 경영학 박사 학위를 취득한 후 제주도에 있는 대학의 교수가 되고 나니, 일과 가정생활을 병행할 여유가 생겼다. 덕분에 그녀는 인생에서의 가치들을 새롭게 정립하면서 이를 지켜 나갈 힘을 얻었다. 아이와 일 사이에서 갈등을 거듭하기보다 진지한 고민을 통해 해결책을 찾은 것이다.

우리는 커리어를 쌓아 가는 과정에서 종종 가치의 충돌을 경험하게 된다. 그럴 때는 한 걸음 물러나 자신을 객관적으로 보도록 하자. 허 대표처럼 선배들이나 주변 사람들에게 도움을 청하는 것도 좋다. 그러다 보면 해답을 발견할 수도 있을 테니까.

관계를 팔아라

컨벤션 산업은 주목받는 미래 산업이다. 컨벤션센터가 들어서면 우선 고용 창출 효과가 있고, 각종 행사 유치를 통해 지역 관광 산업을 활성화시키는 동시에 지역 브랜드를 구축할 수 있다.

이미 우리나라에는 제주국제컨벤션센터를 비롯해 서울의 코엑스, 부산의 벡스코, 대구의 엑스코, 고양의 킨텍스, 광주의 김대중컨벤션센터, 창원의 창원컨벤션센터 등이 자리를 잡았다.

또 대전과 송도 컨벤션센터 건립, 2012년 여수 엑스포 개최를 통한 새로운 컨벤션센터 건립 등 줄줄이 예정되어 있다. 이러한 미래 산업의 가치를 높이기 위해서는 경영과 기획 면에서 탁월한 수완을 발휘해야 한다.

허 대표는 칼럼 기고, 방송 MC 등으로 인지도를 쌓고 평생 교육원을 통해 지역 주민들과 교감을 나눈 덕분에 제주국제컨벤션센터의 대표 이사라는 좋은 기회를 얻었다.

그녀가 부임했을 당시 제주국제컨벤션센터는 적자를 거듭하고 있었다. 그래서 숨 돌릴 틈도 없이 적자를 메우기 위한 수익 창출에 매달려야 했다.

그 뒤 허 대표에게 가치 있는 일은 제주국제컨벤션센터를 우리나라 컨벤션센터의 성공 모델로 만드는 것이었다. 그녀는 사람들을 찾아다니며 행사 유치를 위해 애썼다.

그러한 노력이 결실을 맺어 중국 맥도날드, 바이엘, 닛산 등 국제적 기업은 물론 정관학계의 회의까지 유치할 수 있었다. 2007년 들어서는 아시아 광고 대회를 비롯해 107건의 행사를 유치하는 기록까지 세웠다.

제주국제컨벤션센터는 2010년 컨벤션센터 방문객들을 위한 숙박 시설 앵커 호텔과 면세점을 포함한 즐길거리를 갖춘 아케이드 시설을 갖출 예정이다.

그녀는 컨벤션센터에서 자신이 한 일은 시설을 파는 것이 아니라 '관계를 파는 것'이었다고 말한다. 그만큼 인간관계에 가치를 두었다는 뜻이다.

허 대표의 말처럼 경영은 사람의 마음을 움직이는 것이 우선이다. 그러기 위해서는 나 자신이 역점을 두는 가치가 무엇인지, 그리고 상대는 어떤 것에 가치를 높게 두는지를 알아야 한다. 내가 상대방의 가치를 인정해야만 상대방도 나의 가치를 인정해 준다는 사실을 잊지 말자.

할 만한 가치가 있는 것은
잘할 가치도 있다
필립 체스터필드

커뮤니케이션이 제대로 이루어지지 못했을 때는 조직원이나 부서 간의
반목이 불거질 수 있다. 쉽게 말해 서로 말이 안 통하는 사람들끼리
모인 조직은 성과를 내기 힘들다는 것이다.

Chapter TWO

Competitiveness

꽉 막힌 천재보다는 모두가 좋아하는 바보가 낫다

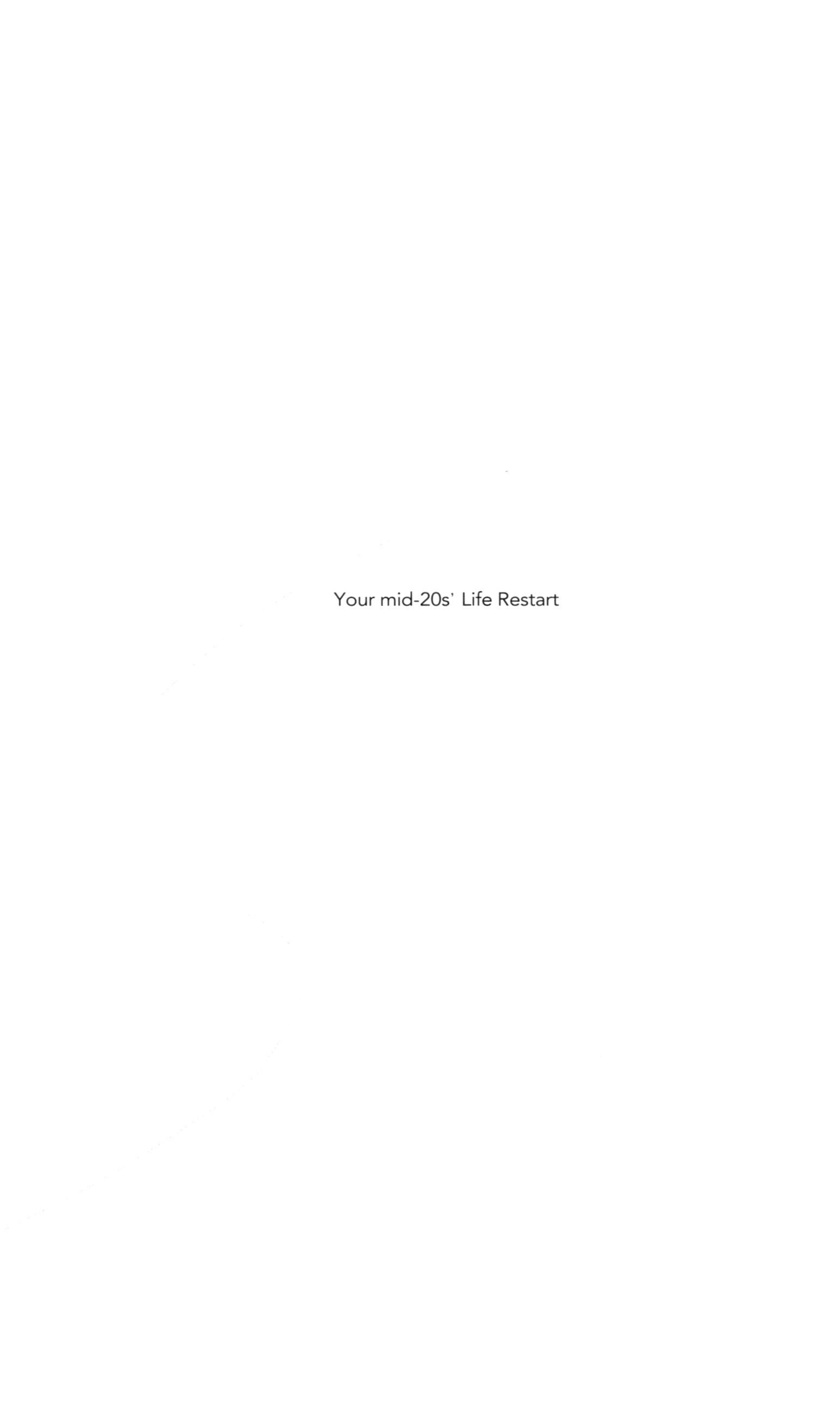

Your mid-20s' Life Restart

화려한 이력서보다
더 중요한 것

"인간은 사회적 동물이다."

그리스 철학자 아리스토텔레스의 이 말은 우리가 혼자서는 살아갈 수 없는 존재임을 일깨워 준다.

아무리 뛰어난 능력을 지닌 사람이라도 목표를 이루기 위해서는 조직에 들어가야 하고, 조직과 함께 성장하면서 목표에 다가갈 수 있는 역량을 키워야 한다. 그러기 위해서는 먼저 조직에 적합한 인물로 거듭나야 한다.

기업의 채용 담당자들이 인재를 찾는 과정에서 가장 중요하게 여기는 것은 그 사람의 이력서에 적힌 내용이 아니라 주변의 평판이다. 주변 사람 몇 명만 만나 봐도 이력서를 통해 알 수 있는 것보다 훨씬 많은 정보를 얻을 수 있기 때문이다.

이들은 이런 정보들을 통해 그 사람의 능력은 물론 됨됨이, 조직 적응 가능성 등을 가늠한다. 아무리 개인 역량이 뛰어나도 조직 문화에 적응하지 못하거나 지나친 경쟁의식으로 조직의 화합을 깨뜨린다면 득보다는 실이 많기 때문이다. 직장을 구하고 있는 20대나 한창 조직에서 활동하는 30대들은 이 점을 명심해야 한다. 기업은 개인의 영달이 아닌 조직의 발전을 위해 헌신할 줄 아는 사람을 원한다.

조직에서 환영받는 인재로 성장하고 싶다면 지금부터 제시하는 콘텐츠를 갖추도록 노력해야 한다. 그것이 바로 조직에서 당신의 경쟁력Competitiveness을 키우는 방법이다.

앞날을 구상하지
못하는 자

애초에 꿈이 없다면 이룰 것도 없다. 조직의 비전이란 그 조직을 앞으로 나아가게 하는 힘이다. 조직의 정체를 막기 위해서 리더는 조직원들에게 지속적으로 비전을 제시해야 한다. 조직은 항상 그런 역할을 담당할 리더를 원하고 있다.

그런 면에서 코리아나화장품 유상옥 회장은 조직을 이끌 만한 역량이 충분한 인물이다.

유 회장은 맨손으로 시작해서 국내 굴지의 화장품 회사를 길러 냈다. 그가 성공 신화의 주인공이 될 수 있었던 것은 한시도 비전을 잃지 않고 살아온 덕분이다. 그는 일흔 살이 넘은 지금도 '월드 클래스

코리아나 World Class Koreana' 라는 캐치프레이즈 아래 코리아나를 세계적 브랜드로 키우겠다는 포부를 역설하고 있다.

은퇴해서 안락한 노후를 보내도 괜찮을 나이에 새로운 사업을 구상하고, 이를 실현하기 위해 동분서주하는 그를 보면 저절로 고개가 숙여진다.

꿈은 클수록 좋다

기왕이면 꿈은 크게 갖는 것이 좋다. 소박한 꿈이 큰 성과를 거두는 일은 극히 드물기 때문이다. 큰 꿈을 꾸다가 이루지 못하는 게 작은 꿈을 이루는 것보다 더 좋은 결과를 가져올 수도 있다.

유상옥 회장은 동아제약에서 직장 생활을 시작했다. 그는 입사 첫날, 장차 그 회사의 사장이 되겠다고 결심했다. 그러고 나니 매일같이 반복되는 단순한 업무들도 예사롭게 보이지 않았다. 자신이 사장이라는 생각으로 회사에서 일어나는 모든 일에 주의를 기울였다. 그리고 문제가 있으면 그것을 직접 해결하려 애썼다.

회사를 국내에서 가장 큰 제약 회사로 만들겠다는 일념으로 대부분의 시간을 회사 일에 투자했다. 그런 노력이 인정되어 입사 9년째인 1968년 서른다섯 살에 기획 관리 이사가 되었고, 곧이어 영업 상무로 승진해 마케팅 분야를 총괄하는 자리에까지 올랐다.

비전을 가진 사람은 만사에 긍정적이다. 늘 나쁜 측면보다는 좋은 측면을 먼저 떠올리기 때문에 좌절하는 법이 없다.

유 회장이 기획 관리를 하다 영업 상무가 되자 잘못된 인사라고 말이 많았다. 책상 앞에서 펜대나 굴리던 사람이 영업을 어떻게 하느냐는 것이었다. 그런 말을 들으면서 그는 본때를 보여 주겠다고 다짐했다.

그 후로는 정신없는 나날의 연속이었다. 업무를 제대로 파악하기 위해 거래하고 있던 의약품 도매상과 약국을 모두 돌아다녔다. 그리고 영업직 사원 250명 전원과 개인 면담을 실시하여 시장의 흐름과 애로 사항 등을 들었다. 그러면서 영업의 문제점을 파악하고 해결책을 모색했다.

근본적인 문제를 개선하자 127억 원이던 연간 매출액이 345억 원으로 늘어났다. 그가 영업 부서를 맡은 지 3년 만에 세 배 가까이 오른 것이었다.

긍정적인 그에게는 위기가 곧 기회였다. 적자에 허덕이던 라미화장품의 대표 이사직을 맡아 단숨에 흑자 기업으로 바꾸어 놓은 것만 봐도 긍정의 힘이 얼마나 대단한지 알 수 있다.

유 회장은 그러한 자신의 힘을 기업가 정신이라 정의했다. 무슨 일을 하든 '나는 사장이고, 내가 직원들에게 비전을 제시하지 않으면 문제를 해결할 수 없다'는 생각을 가져야 한다는 것이다. 그는 그것이 곧 자신의 역량을 키우고 나아가 조직을 발전시키는 길이라고 믿고 있다.

행동 없는 비전은 환각일 뿐

독일의 저명한 비평가인 게르하르트 볼프는 "행동이 따르지 않는 비전은 환각"이라고 말했다. 비전을 말하면서 아무런 노력도 하지 않는다면 그것은 허풍선이의 망상에 지나지 않는 법이다. 유 회장의 비전은 '진짜' 였다. 그는 자신의 비전에 가까이 다가가기 위해 한시도 긴장의 끈을 놓지 않고 살아왔다.

유 회장이 어릴 때 살던 곳은 아침마다 우물 주변으로 긴 줄이 늘어서고, 공동 화장실이라도 한 번 사용하려면 전쟁을 치러야 하는 가난한 산동네였다. 그 시절 그의 꿈은 하루빨리 그 동네를 벗어나는 것이었다.

그는 은행원인 외삼촌 댁이 풍족하게 사는 걸 보고 은행에 들어가기로 결심했다. 그래서 덕수상고에 진학했다. 당시 덕수상고는 은행에서 가장 선호하는 학교였다. 그런데 고등학교를 졸업할 즈음 마음이 바뀌었다. 공부를 더 해 보고 싶은 욕심이 생긴 것이다. 때마침 고려대에 경영학과가 생겼고, 그는 그곳의 1기생이 되었다.

대학을 졸업하던 해 경쟁률이 치열한 탓에 은행 시험에 줄줄이 낙방했지만 그는 낙담하지 않았다. 굳이 은행이 아니어도 자신의 열정을 펼칠 수 있는 곳이 얼마든지 있다는 것을 알았기 때문이다.

동아제약에 입사한 그는 그 회사의 CEO 자리를 목표로 삼았다. 2년 동안 주경야독의 시간을 보낸 끝에 취득한 공인 회계사 자격증은 그간의 노력을 치하하는 훈장이었다. 그 후에도 고려대 경영 대학원에서 석사 학위를 따고, 미국 유니언 대학에서 박사 학위까지 받으면서 경영자로서의 미래를 대비했다.

그의 노력은 CEO 자리에 오른 지금도 계속되고 있다. 그는 매주 경영자 조찬 모임에 나가 새로운 지식과 정보를 익히고, 유익하다 싶은 것은 곧바로 실천에 옮긴다. 새롭게 싹튼 비전을 실현하기 위해서다. 그를 본받아 실천하는 삶을 추구한다면 우리도 곧 비전에 가까이 다가갈 수 있을 것이다.

'바블바블'의 기적

비전은 주변 사람들과 공유할 때 비로소 형체를 갖춘다. 조직의 CEO에게 장대한 비전이 있어도 그것을 조직 구성원들에게 납득시키지 못한다면 아무 힘도 발휘할 수 없다.

유 회장은 그런 면에서 탁월한 CEO다. 그는 자신의 비전을 직원들은 물론 거래처 사람들에게까지 전파한다. 그것은 타인을 존중하고 배려하는 그의 성품과 어우러져 사람들의 호응과 지지를 이끌어 낸다.

코리아나화장품 창립 초기의 일화는 그 좋은 예이다. 자신이 몸담은 조직 내에서 더 이상 비전을 찾을 수 없었던 유 회장은 창업을 결심했다. 당시 그는 쉰다섯이라는 적지 않은 나이였고, 자본금이라곤

퇴직금 1억 원이 전부였다. 그렇게 해서 문을 연 회사가 코리아나화장품이었다.

자산이라곤 전화기 두 대와 영업 사원 5명이 전부인 작은 회사였기에 작은 공장을 빌려 제품을 만들 수밖에 없었다. 그곳에서 만든 첫 제품이 '바블바블'이란 샴푸였다. 어렵사리 만든 제품을 영업 사원들이 차에 싣고 나갔지만 며칠이 지나도록 팔았다는 소식이 들리지 않았다. 이름도 알려지지 않은 회사의 신제품을 써 줄 업체가 있을 리 만무했다.

그렇게 노심초사하고 있을 때, 첫 판매가 이루어졌다는 소식이 들려왔다. 라미화장품 유상옥 사장을 기억하는 업체에서 그를 믿고 납품을 받은 것이었다. 그가 다른 사람들에게 얼마나 신뢰받고 있었는지를 잘 보여 주는 대목이다.

그 후로 제품에 대한 수요가 점차 늘기 시작했고, 투자자들도 모였다. 유 회장은 판매 사원이 직접 소비자를 찾아가 만나는 다이렉트 세일즈 시스템을 창안하여 새로운 화장품 유통 체계를 확립했으며, 코리아나 머드팩을 개발해 화장품 업계에 머드팩 열풍을 몰고 오기도 했다.

코리아나화장품은 5년 만에 연간 매출액 1340억 원 규모로 성장하여 500대 기업에 진입했고, 이제는 업계 3위 자리까지 올라 화장품 업계의 신화로 통하고 있다. 그가 주변 사람들과 비전을 공유한 결과였다. 이처럼 놀라운 성과를 올리는 기업들의 공통된 특징은 리더에게 꼭 필요한 역량인 비전이 구체적이고 명확하다는 것이다. 그럴 경우, 중장기적인 계획을 세울 수 있고 목표 달성에 필요한 여러 자원을 충분히 확보할 수 있기 때문이다. 앞날을 구상하지 못하는 리더가 이끄는 조직은 도태될 수밖에 없다.

위대한 성공의 시초에는
언제나 비전이 있다
헤르만 지몬

내 집이라 생각하고 일해야
진짜 내 집이 되는 법이다

어느 조사에 따르면, 우리나라 직장인 10명 중 7명은 CEO를 꿈꾸지만 실제 자신이 CEO가 될 확률은 34.2%라고 답변했다고 한다. 이는 직장인들이 꿈을 지레 포기한다는 뜻이다. 스스로 자신의 능력을 부족하다고 여기는 탓에 조직에서의 막중한 책임을 부담스러워하는 것이다.

그렇다면 CEO가 될 수 있다고 생각하는 사람들은 어떤 면에서 다를까? 그들이 그렇지 못한 사람들과 가장 크게 다른 점은 주인 의식을 갖고 있다는 것이다. 그들은 스스로 직장의 주인이라 생각하기 때문에 무슨 일에든 열정을 가지고 임한다. 그래서 가끔은 전혀 예상치 못한 엄청난 성과를 거두기도 한다.

그 좋은 예가 오랜 세월 업계 1위이던 OB맥주의 아성을 단숨에 무너뜨린 하이트맥주의 신화이다. 이는 한때 각 대학의 경영학과에서 마케팅의 성공 사례로 다룰 만큼 충격적인 사건이었다.

그 중심에는 30년 가까이 하이트맥주에 몸담아 온 윤종웅 현 진로 사장이 있었다. OB맥주가 시장을 독점하다시피 하고 있는 상황에서도 그가 주눅 들지 않고 묵묵히 버틸 수 있었던 힘은 바로 주인 의식이었다. 주인 의식은 지칠 줄 모르는 열정을 불러일으켰고, 그 열정이 산화하여 업계 1위라는 결실을 맺게 된 것이다.

2007년 진로의 수장으로 자리를 옮긴 그는 현재 새로운 열정을 불태우고 있다. 두산주류에서 만든 '처음처럼'의 선전과 지방 소주 회사들의 약진으로 인해 시장 점유율 50%마저 위협받는 상황을 타개해야만 하는 중책이 그를 자극하고 있기 때문이다. 이번에도 그는 자신이 주인이라는 마음가짐으로 진로 소주 부활을 위해 최선을 다할 것이다.

회사에 대한 무한한 애착

조직의 진정한 일원으로 거듭나기 위해서는 회사에 대한 충성심이 있어야 한다. 그리고 그것은 내 회사라는 인식이 있을 때 가능한 일이다. 조직에서 인정받는 인재 대부분은 그런 마음가짐으로 업무에 임한다. 윤종웅 사장 역시 마찬가지였다.

그는 1975년 평사원으로 조선맥주에 입사해 30년 넘게 일하면서 한 번도 남의 일을 하고 있다는 생각을 해 본 적이 없다. 영업 및 재무 분야를 두루 거치면서 회사에 대한 애착을 키웠고, 직원들과 부대껴 일하면서 유대감과 자부심을 쌓았다.

비록 만년 매출 2위이면서 꼴찌라는 불명예로 인해 도매상이나 주류 판매 업소에서 환대받지는 못했지만, 조선맥주의 직원이란 것을 부끄럽게 여기지 않았다. 그는 언젠가 OB맥주를 누르고 정상에 우뚝 설 날이 오리라 믿었고, 그렇게 만들기 위해 혼신의 노력을 기울였다. 그 결과 탄생한 것이 바로 하이트맥주였다.

맥주의 90%가 물이라는 점에 착안하여 천연 암반수를 사용했던 것이 커다란 반향을 일으켰다. 조선맥주를 거부하던 업주들이 먼저 전화를 해서 출고를 재촉할 정도였다.

1994년 35%였던 시장 점유율이 1995년에는 41%, 1996년에는 43%로 가파르게 상승했다. 그러다 결국 OB맥주를 제치고 정상까지 차지하게 되었다.

하이트맥주의 성공은 360%에 달하던 회사의 부채 비율을 100%대 초반으로 낮추었고, 순이익을 1000억 원대까지 끌어올렸다. 이로써 조선맥주는 초우량 기업으로 성장했다는 평가를 받게 되었다. 이러한 성과는 회사에 대한 무한한 애착이 없었다면 도저히 얻을 수 없는 것이었다.

희생정신을 발휘하라

조직에 위기가 닥쳤을 때 주인 의식이 있는 직원은 지레 포기하지 않는다. 그것이 바로 기업들이 직원들에게 주인 의식을 강조하는 이유이다. 희생을 감수하고라도 조직을 지키고자 하는 직원이 많을수록 그 기업은 탄탄하다고 할 수 있다.

1997년 외환 위기 때 조선맥주 역시 커다란 타격을 입었다. 당시 4000억 원을 투자해 홍천 공장을 지은 것이 화근이었다. 금리가 치솟으면서 연간 이자만 800억 원이 넘다 보니 재정 상태가 악화될 수밖에 없었다.

윤 사장은 발바닥이 부르트도록 은행을 찾아다니며 대출을 간청했지만 돌아오는 대답은 구조 조정을 하라는 말뿐이었다. 그에게 돈을 빌려 줄 은행은 어디에도 없었다. 하는 수 없이 유서 깊은 영등포 공장을 매각하기로 결정했다.

그렇게 제 살을 깎아서라도 회사를 반드시 살리겠다는 의지를 보이자, 외국 투자자들이 움직이기 시작했다. 1998년 미국 캐피털 그룹이 3000만 달러를, 1999년 칼스버그 그룹이 1억 달러를 하이트맥주에 투자했다.

이로써 조선맥주는 재도약할 수 있는 발판을 마련했다. 윤 사장의 피나는 자구 노력이 조선맥주를 지켜 낸 것이다.

이후 하이트맥주는 꾸준한 성장세를 이어 갔다. 그리고 얼마 전 청담동에 새로 사옥을 지어 옮겨 갔다. 신사옥은 조선맥주의 재기를 나타내는 상징이라 할 수 있다. 만약 윤 사장을 비롯한 조선맥주의 임직원들이 희생정신을 발휘하지 않았다면 하이트맥주는 역사의 뒤안길로 사라졌을 것이다.

직장 동료와의 유대감

주인은 없고 손님만 가득 찬 집을 상상해 보라. 사람들은 어찌할 바를 모르고 우왕좌왕하다가 결국 떠나 버릴 것이다. 기업도 마찬가지다. 주인 의식이 없는 직원들만 있다면 회사를 유지하기조차 버거울 것이다.

조직을 유지하고 발전시키기 위해서는 조직 구성원들이 주인 의식을 가져야 한다. 이를 이끌어 낼 수 있는 힘은 서로의 교감이다. 주인 의식이란 누가 강요한다고 해서 생겨나는 게 아니다. 구성원끼리 유대감이 생기고, 그것이 조직과 긴밀한 관계로 발전했을 때 자연스럽게 생겨나는 것이다.

윤 사장은 군대에서 장교로 복무할 때 조직을 움직이는 힘이 무엇일까 고민했다. 어떤 소대는 강압적인 훈련과 기합으로도 제대로 운영되지 않는데, 어떤 소대는 자율적으로 운영해도 원활하게 돌아갔기 때문이다.

이런 경우들을 보면서 그가 내린 결론은 무엇보다 구성원들끼리의 교감이 중요하다는 것이었다. 개개인을 파악하고 그들과의 관계에 몰입하다 보니 소속감이 싹텄고, 그것이 주인 의식으로 발전하는 데는 그리 오랜 시간이 걸리지 않았다.

그는 CEO가 된 후 회사 운영에 이를 적용했다. 직원들이 소속감을 가질 수 있도록 분위기를 만들어 주니 자연스럽게 '우리 회사' 라는 주인 의식이 생겨났다.

주인 의식을 이끌어 내는 데는 적대적인 경쟁 구도보다는 구성원 간의 화합이 더욱 효과적이다. 물론 개인 업무도 중요하겠지만 직장 동료들과의 유대감을 돈독히 하는 데 더 많은 노력을 기울인다면 회사에 대한 애정이 무럭무럭 자라날 것이다. 그리고 회사에 대한 애정이 충만한 직원을 마다할 조직은 아마 없을 것이다.

소천

말이 안 통하는 사람은
어디서도 구제받기 힘들다

조직의 화합과 발전을 위해서는 원활한 커뮤니케이션이 무엇보다 중요하다. 커뮤니케이션이 제대로 이루어지지 못했을 때는 조직원이나 부서 간의 반목이 불거질 수 있다.

쉽게 말해 서로 말이 안 통하는 사람들끼리 모인 조직은 성과를 내기 힘들다는 것이다. 이런 상황은 나아가 조직 전체의 발전을 저해할 수도 있다. 그러므로 커뮤니케이션 능력은 조직원이라면 반드시 갖추어야 할 덕목이다.

서울과학종합대학원의 윤은기 총장은 어느 누구보다 커뮤니케이션의 중요성을 잘 알고 있는 인물이다. 그는 커뮤니케이션을 통한 인생의 변화를 긍정한다.

트리맵의 효과

21세기는 골드칼라의 시대다. '골드칼라'는 미국 카네기멜론 대학의 로버트 켈리 교수가 1985년에 출간한 《골드칼라 노동자》에서 처음 사용한 말로, 두뇌와 정보로 새로운 가치를 창조하여 시대를 이끌어 가는 전문직 노동자를 의미한다.

오늘날 우리 사회는 단순한 정보 수집이 아닌, 정보를 재료로 하여 새로운 가치를 창조해 내는 능력을 요구한다.

이러한 능력은 커뮤니케이션에서도 필요하다. 아무리 많이 알아도 그것을 제대로 활용하지 못하면 아무 소용이 없기 때문이다. 커뮤니케이션 능력을 키우기 위해서는 먼저 지식이나 정보를 자기 것으로 소화해 상대방에게 전달할 수 있는 형태로 만드는 법을 알아야 한다.

윤 총장이 그 방법의 하나로 제시한 것이 바로 '트리맵'이다. 트리맵은 정보의 연계성을 파악해 나무 모양으로 도식화시켜 두는 것이다. 그렇게 하면 대화나 강연을 할 때 어렵지 않게 이야기의 실타래를 풀어 갈 수 있다.

방송과 강연에서 늘 막힘없이 이야기를 풀어 나가는 윤 총장을 보면 그는 커뮤니케이션 능력을 타고난 것만 같다. 그러나 그는 이런 평가에 늘 고개를 젓는다. 트리맵을 체득하면 누구나 자신처럼 할 수 있다는 생각 때문이다. 단, 부지런히 정보를 모으고 그것을 어떻게 활용할까를 고민한다는 전제에서 말이다.

콘텐츠의 품격을 높이는 방법

커뮤니케이션의 기본은 콘텐츠와 네트워크다. 전달할 내용과 방법이 있어야 한다는 이야기다. 그중 콘텐츠는 주로 개인의 역량에 의지한다. 그러므로 조직에서의 성공적인 커뮤니케이션을 위해서는 앞서 말했던 것처럼 개인의 역량을 키울 필요가 있다.

윤은기 총장은 이를 위한 방법으로 독서를 가장 먼저 꼽는다. 독서는 논리와 지식을 동시에 전달하기 때문에 콘텐츠의 품격을 높일 수 있다는 것이다.

독서의 또 다른 장점은 글쓰기 능력을 향상시킨다는 것이다. 윤 총장은 어릴 때부터 독서를 꾸준히 해 온 덕에 글쓰기에 있어서도 탁월한 능력을 갖추게 되었다. 그는 이러한 능력들을 바탕으로 자신만의 새로운 영역을 개척할 수 있었다.

윤 총장은 삼성물산 기획실에서 직장 생활을 시작했다. 누구나 선망하는 최고의 직장이었지만 그는 좀 더 창의적인 일을 하고 싶다는 생각을 매번 했다.

마침내 그는 1983년 회사를 박차고 나와 정보전략연구소를 세우고 사업을 시작했다. 군 복무 시절, 정보 장교로 있으면서 정보의 중요성을 깨달았던 것이 계기가 되었다. 그는 정보화 산업의 첨병 역할을 자임하고 다방면으로 경험을 쌓아 갔다.

정보 사업은 순조로웠다. 그는 자신의 글솜씨를 십분 발휘하여 정보의 중요성을 강조한 《정보학 특강》이란 책을 냈다. 이 책은 독자들에게 커다란 반향을 불러일으키며 20만 부나 팔려 나갔다. 자신이 쓴 책이 베스트셀러가 되자 자신감을 얻은 그는 사업을 좀 더 확장하기로 했다.

그래서 1988년 서울 강남 논현동의 한 건물을 통째로 임대해 정보 카페를 열었다. 정보 카페는 문을 열자마자 '일본경제신문'에서 취재를 나올 정도로 좋은 반응을 얻었다.

자유롭게 모여 서로의 생각을 교환하고 아이디어를 모색하는 카페라는 콘셉트는 그때만 해도 혁신적인 시도였다. 그러나 아쉽게도 호응은 그리 오래가지 못했다. 사람들이 아직 정보의 중요성을 인식하지 못한 상태였기에 잠시 호기심의 대상이 되었다 잊혀 갔기 때문이다. 지금은 이런 식의 정보 카페가 대학가를 중심으로 자리를 잡았지만 당시에는 시기상조였다.

윤 총장은 결국 그동안 번 돈을 모두 잃고 처음부터 다시 시작해야 했다. 실패에서 얻은 교훈은 그를 더욱 강하게 만들었다. 그는 보다 체계적인 컨설팅 그룹을 세웠고, 시간을 효과적으로 활용하는 법을 다룬 《시테크》라는 책도 펴냈다. 《시테크》는 우리 사회에 '정보 컨설턴트 윤은기'의 이름을 널리 알리는 역할을 했다.

'시테크 박사'라 불리는 그는 현재 방송과 강의를 병행하면서 전성기를 구가하고 있다. 물론 시행착오도 있었지만 그의 성공에 풍부한 독서 경험이 한몫했음은 부정할 수 없는 사실이다.

나의 '티핑 포인트'를 찾아라

요즘 많은 기업에서 신입 사원들이 조직에 쉽게 적응할 수 있도록 멘토 제도를 시행하고 있다. '멘토'란 《오디세이아》에 나오는 오디세우스의 충실한 조언자 이름에서 유래한 말로, 현명하고 신뢰할 수 있는 상담 상대, 스승, 지도자 등을 뜻한다.

기업의 멘토들은 신입 사원들이 커리어 목표를 세우고 로드맵을 그릴 수 있도록 도움을 준다. 그리고 직무에 관한 지식과 경험, 조직 내에서 일어나는 문제 등에 대한 해법을 제시한다.

신입 사원들은 멘토의 가르침을 통해 직장 생활의 티핑 포인트를 찾는다. '티핑 포인트'란 호조로 전환되는 급격한 변화 시점을 말한다. 그 시점을 지난 후에는 손색없는 조직의 일원으로 거듭나게 된다.

멘토 제도와 같은 인위적인 네트워크 외에도 자연 발생적으로 생기는 여러 네트워크가 있다. 사람들은 이러한 네트워크를 통해 커뮤니케이션을 도모하고 신뢰 관계를 구축한다.

윤 총장의 티핑 포인트는 김동호 장군과의 만남이다. 공군 장교로 복무하던 시절, 그는 김 장군의 부관으로 임명된 적이 있다. 장군의 부관이라는 자리는 창살 없는 감옥이나 다름없다는 인식이 팽배하던 시절이었다.

그는 부관 자리를 거절하기로 마음먹었다. 그러나 김 장군을 만나고 나서는 그런 생각이 쑥 들어갔다. 김 장군은 그를 보자마자 자기소개를 먼저 했고, 그런 후에 함께 일해 볼 생각이 있는지를 정중히 물었다. 상명하복의 질서가 뿌리박힌 군대에서 부하에게 예를 갖추어 의견을 묻는 상관을 본 적이 없던 그는 자기도 모르게 함께 일하겠노라 대답하고 말았다.

그 후부터 김동호 장군은 그의 멘토가 되었다. 그는 장군을 롤모델 삼아 군인으로서의 커리어를 차곡차곡 쌓아 나갔다.

학문 쪽에서 멘토가 되어 준 사람은 서울대 경영 대학의 조동성 교수였다. 항상 열심히 연구하고 실천하는 조 교수의 모습은 후학들에게 본보기가 되었다.

그는 조 교수의 장점을 가볍게 보아 넘기지 않고 자신의 것으로 만들기 위해 노력했다. 그 밖에도 그는 만나는 사람 모두에게서 배울 점을 찾고, 이를 체화해 나갔다.

공자의 명언 중에 '세 사람이 길을 가면 그중에 반드시 나의 스승이 될 만한 사람이 있다'는 말이 있다. 이처럼 자신의 커리어를 향상시키기 위해서는 주변과의 끊임없는 커뮤니케이션이 필요하다. 멘토나 네트워크를 통해 만나는 사람들과의 정보나 조언을 받아들일 줄 안다면 머지않아 조직 내에서 인정받는 사람이 될 것이다.

아이디어를 표현하는 능력은
그 아이디어만큼이나 중요하다
버나드 바루크

사회는 '똑똑한 놈' 보다 '바른 놈'을 더 선호한다

최근 기업들의 신입 사원 선발에서 두드러진 특징 중 하나는 인성 및 적성 검사의 비중이 높아졌다는 점이다. 이는 스펙에서 눈을 돌려 심리적인 면에 주목하고 있다는 뜻이다.

아무리 학점이 좋고 영어 구사 능력이 뛰어나더라도 일에 대한 열정이 없거나 모난 성격으로 조직 내에서 갈등을 조장한다면 기업에 해악만 끼칠 뿐이다.

그런 측면에서 보자면 KTB자산운용의 장인환 대표는 다른 사람들의 귀감이 되기에 충분하다.

장인환 대표는 1997년 현대투자신탁운용에서 3조 원대의 '바이 코리아’ 펀드를 운용하며 경이적인 수익률을 올렸다. 또한 현재 그가 이끌고 있는 KTB자산운용은 2007년 수탁액 70% 성장, 주식형 펀드 수탁액 342% 성장이라는 놀라운 성과를 거두었다.

이처럼 뛰어난 업무 능력 못지않게 장 대표를 돋보이게 하는 것은 주변 사람들을 감동시키는 인성이다. 인성이야말로 오늘날의 그를 있게 한 자양분이다.

리더의 마음가짐이란

개인적인 능력이 아무리 뛰어나도 주변 사람들을 포용하지 못하면 조직에 적응하기 어렵다. 조직 내에서 인간관계를 공고히 하는 것은 바로 열린 마음이기 때문이다. 내가 상대방을 이해하고 배려한다면 상대방 역시 마음의 문을 열게 마련이다.

장 대표는 펀드 매니저들과 수평적 파트너십을 맺고, 항상 그들의 의견에 귀를 기울였다. 이와 같은 서번트 리더십은 직원들의 열정과 창의력을 이끌어 냈고, 더 나아가 회사 수익 증대에도 크게 이바지 했다.

장 대표는 사회에서 성공하려면 누구라도 포용할 수 있는 그릇이 되어야 한다고 말해 왔다. 그리고 이를 몸소 실천했다. 현대투자신 탁에 몸담고 있던 시절, 그는 상사가 아무리 부당한 지시를 해도 면 전에서 불평을 해 본 적이 없단다.

일단은 묵묵히 받아들여 일을 하다 문제가 생기면 대안을 찾아 해결했다. 그러다 보니 상사와 마찰이 생길 수가 없었다. 그가 만약 그 자리에서 못마땅한 심정을 표출했다면 상사와의 갈등을 키우고 사무실 분위기를 망치는 결과만 남겼을 것이다.

이런 태도는 윗사람이 되어서도 여전했다. 그는 동기들보다 빠른 승진으로 팀장이 되고 나서도 자만하지 않고 주변 사람들의 말에 귀를 기울였다.

이처럼 자신의 마음을 다스리고 현명한 판단을 내릴 줄 알았기에 윗사람들의 절대적인 신임을 받고, 아랫사람들로부터는 존경을 받을 수 있었던 것이다.

장 대표가 포용력 못지않게 강조하는 것은 바로 긍정적인 마음가짐이다. 매일 수백억 원대의 고객 자산을 관리하기 위해서는 엄청난 중압감과 싸워야 한다. 그런 환경 속에서 평상심을 유지하기란 여간 어려운 일이 아니다. 그런데도 그는 힘들다는 말을 입 밖에 내 본 적이 없다.

장 대표의 이러한 긍정적인 자세는 놀라운 성과로 이어졌다. 1998년부터 1999년 초, LG전자 주식 매입 일화는 아직도 업계에서 회자되고 있다.

그는 당시 1만 원대이던 LG전자 주식을 집중적으로 사들였다. 그 무렵 외국인의 매도 움직임이 활발하던 탓에 내부에서도 우려하는 사람이 많았다. 그러나 장 대표는 자신의 판단을 믿었기에 전혀 흔들림이 없었다.

결과적으로 그의 판단은 옳았다. 주가는 주당 4만 원대까지 치솟았다. 그 후로 사람들은 통 크게 일을 추진하고 한결같이 의지를 굽히지 않는 그를 '장대포'라 부르게 되었다.

믿으면 끊어지지 않는다

인간관계를 유지하는 데 신뢰만큼 중요한 것은 없다. 이는 조직에서도 마찬가지다. 서로 믿지 못하는 풍토 속에서 어찌 함께 일을 해나갈 수 있겠는가. 구성원들이 서로를 믿지 못하는 조직은 불협화음을 거듭하다 지리멸렬해질 수밖에 없다.

장 대표는 누구보다 신뢰를 중시하는 사람이다. 그가 KTB자산운용을 설립할 때 함께한 창업 멤버들이 10년이 지난 지금도 회사에 남아 일하는 것만 보아도 이를 잘 알 수 있다. 수익률에 따른 이동이 심한 금융 업계의 생리를 감안한다면 정말 대단한 응집력이라 하지 않을 수 없다. 이는 그가 직원들에게 전폭적인 신뢰를 받고 있다는 뜻이기도 하다.

그는 고객들과의 관계에서도 신뢰를 강조한다. 이는 고객들을 위해 최선을 다하는 모습으로 나타난다. 고객들은 그를 믿기에 자연스럽게 돈을 맡기게 된다. 이렇게 신뢰로 맺어진 인연은 쉽게 끊어지지 않는다. 그래서 장 대표 주위에는 늘 사람이 많다.

신뢰 관계가 빛을 발하는 경우는 어려움이 닥쳤을 때이다. 장 대표는 어려운 결정을 해야 할 때면 평소 존경하는 선배들을 찾아가 조언을 구한다. 김정태 전 국민은행장, 정태석 전 광주은행장, 미래에셋 박현주 회장 등은 그의 충실한 멘토이다. 그가 잘나가던 회사를 그만두고 창업을 결심할 수 있었던 것도 그들의 따뜻한 격려와 조언 덕분이었다.

자신을 가둔 틀에서 벗어날 줄 아는 사람

장 대표에게 사원 채용시 무엇을 가장 중요하게 보느냐고 물었다. 그는 잠시도 망설이지 않고 인성이라고 대답했다. 그는 요즘 젊은이들은 자신의 틀에 갇혀 살기 때문에 개인적인 역량은 뛰어날지 모르지만 조직에는 쉽게 융화하지 못한다고 말한다. 한마디로 조직에 대한 충성도가 떨어진다는 얘기다.

그래서 그는 공개 채용을 안 한다. 공개 채용 방식으로는 그 사람의 됨됨이를 검증하는 데 한계가 있기 때문이다. 대신 평판 조회를 통해 검증한다.

교수들로부터 학생을 추천받고, 그 주변 사람들을 만나 됨됨이를 묻는 것이다. 그렇게 하면 회사에 자부심을 갖고 열정적으로 일에 매달리는 인성의 소유자를 찾을 수 있다.

평판 조회를 마친 후에는 면접을 본다. 장 대표는 자신의 약점을 솔직히 인정하는 사람을 좋아한다. 부족한 부분을 알고 채우려는 열정이 조직의 발전에 원동력이 된다고 믿기 때문이다. 자신감을 넘어 자만심이 넘치는 사람은 자신의 약점을 모르기 때문에 발전할 여지가 없다.

또한 형편이 어렵다고 웅크리는 사람보다는 맨발로라도 꿈을 향해 달려가는 사람을 높이 평가한다. 그런 용기를 가진 사람은 어떤 어려움을 만나도 좌절하지 않기 때문이다.

기업의 미래를 책임질 인재라 불리고 싶은가? 그렇다면 스스로 자신을 가둔 틀에서 먼저 벗어나자. 그리고 꿈을 향해 마음껏 달리자. 숨이 턱에 찰 무렵에는 모두에게 인정받는 사람이 되어 있을 테니까.

사람의 가치를 말해 주는 것은
그의 소유물이나 행동이 아니라 인격이다
헨리 아미엘

당신이
주저하고 망설이는 동안

성공하는 사람은 모든 일에 능동적이라 계획을 실천에 옮기는 반면, 성공과 거리가 먼 사람은 모든 조건이 100% 맞아떨어지기만 기다리다 아무것도 하지 못한다고 한다.

취업에 있어서도 마찬가지다. 많은 사람이 조건을 따지다 정작 일해 볼 기회조차 갖지 못한다.

다이소아성산업의 박정부 대표는 이런 사람들을 보면 안타까움을 금치 못한다. 국내에서 천원숍으로 더 유명한 저가 상품 유통의 선구자인 그가 상품을 개발하기 위해 다닌 거리만 해도 지구를 일흔 바퀴 돈 것과 맞먹을 정도라고 한다.

주저하지 마라

목표가 확고한 사람은 실행을 주저하지 않는다. 주저하다가 기회를 놓칠 수도 있기 때문이다. 박정부 대표가 마흔다섯의 나이에 안정된 직장을 그만두고 창업을 결심한 것은 쉽지 않은 일이었다. 주변에서도 걱정스러운 시선으로 그를 바라봤다. 그렇지만 그에게는 무역업에 도전해 보겠다는 확고한 목표가 있었다.

그는 무역업에 나서기에 앞서 한일맨파워라는 대기업 직원 해외 연수 전문 업체를 설립, 사업을 시작했다. 해외 연수가 활발하던 때라 일은 끊이지 않고 들어왔다. 사업이 어느 정도 안정되자 그는 사업상 일본을 오가며 알게 된 다이소산업의 100엔숍에 상품을 공급하기 시작했다.

지금은 하루에도 컨테이너 수십 대의 물량을 수출하고 있지만 초기에는 여기저기서 주문받은 상품을 모두 합쳐 봐야 하루 수출 물량이 한 트럭도 되지 않았다. 당시 박 대표의 소원은 컨테이너 하나에 수주받은 상품을 가득 싣는 것이었다. 그 목표를 이루기 위해 노력하다 보니 어느덧 결실을 맺었다. 현재 한일맨파워가 일본 다이소산업에 수출하는 물량은 연간 5억 개에 이른다. 지금까지 일본 다이소산업에 6만 종이 넘는 상품을 수출했으며, 세계 27개국에 1800여 개의 협력 업체를 보유하고 있다.

그의 이러한 실행력은 자신감에서 나왔다고 볼 수 있다. 그러나 지

나친 자신감은 오히려 독이 될 수도 있기에 늘 긴장을 늦추지 않았
다. 그는 어떤 행동을 하기에 앞서 반드시 고려해야 점들은 하나도
놓치지 않기 위해 노력했다.

박 대표는 저렴한 가격에 좋은 품질을 가진 제품을 발굴하기 위해
세계 곳곳을 돌아다녔다. 일본의 소비자들은 까다롭기로 정평이 나
있었기에 작은 것 하나라도 쉽게 넘어갈 수 없었다. 그렇게 품질에
신경을 쓰다 보니 이제는 어디에 내놓아도 손색없는 제품들이라는
자부심이 생겼다. 그는 그 자부심을 지키기 위해 브라질이나 미국
등 다른 나라에서 제품 공급 요청을 해 와도 정중히 거절하곤 했다.
일본보다 기준이 덜 까다로운 나라에 제품을 수출하다 보면 자기도
모르게 품질에 소홀해질까 걱정스러웠던 것이다.

지구력 기르기

실행력을 꾸준히 발휘하기 위해서는 지구력이 필요하다. 위험 요
소는 어디든 도사리고 있기에 어떤 경우에도 쉽게 무너지지 않는 지
구력이 필요한 것이다. 지구력은 무엇보다도 열정과 도전 정신에서
나온다. 다이소산업과의 관계가 안정 궤도에 접어들었을 때, 박 대
표는 국내에 다이소 매장을 만들겠다는 결심을 했다. 그리고 이를
우해 아성산업을 설립했다.

그러나 다이소산업의 총수인 야노 히로다케 회장의 반대로 뜻을

이룰 수 없었다. 박 대표는 끝까지 포기하지 않고 야노 회장을 설득하기 위해 애썼다. 그의 끈질긴 노력은 아성산업이 설립된 지 9년 만에 빛을 발했다.

그렇게 해서 탄생한 다이소아성산업은 현재 전국 400여 개 매장에서 주방용품, 욕실용품, 유아용품, 사무용품, 인테리어용품, 공구용품 등 2만여 가지의 생활용품을 저렴한 가격으로 판매하고 있다. 이 회사는 1997년 1호점 개설 이래 2006년까지 연평균 30%의 성장을 거듭해 2007년에는 1500억 원의 매출을 올렸다. 직전 연도에 비해 무려 45%의 매출 신장을 이룬 것이다.

다이소아성산업이 설립 이후 꾸준히 추구해 온 목표는 가격에 비해 높은 품질을 갖춘 다양한 상품을 만드는 것이다. 박 대표는 사무용품은 물론 집에서 쓰는 행주 등 대부분의 일상용품을 자신의 회사에서 취급하는 상품으로 사용하고 있다. 직접 써 보면서 제품의 문제점을 파악하겠다는 의도에서다.

현재 다이소아성산업의 상품은 품질 면에서 어느 유통 업체에도 뒤지지 않는다. 다만 판매가가 낮기 때문에 사업 초기부터 '싼 게 비지떡'이라는 소비자들의 편견을 피할 수 없었다. 그렇기에 사업의 성패를 좌우할 장애 요인을 극복하기 위해서는 좋은 품질 유지가 늘 최우선이었다. 놀랍게도 다이소아성산업의 순이익은 1%를 넘지 않는다고 한다. 저렴한 가격에 좋은 품질을 갖추기 위해서는 다른 회사들처럼 이익을 우선시할 수 없기 때문이다.

'일에 미친 사람'

실행력을 극대화할 수 있는 방법은 일에 몰두하는 것이다. 잡생각이 많으면 무슨 일을 하려다가도 망설이는 게 인지상정이다. 박 대표는 스스로를 '일에 미친 사람'이라고 표현한다. 일에 대한 그의 애착을 설명하기에 이보다 적절한 표현은 없을 듯하다.

그는 지금도 전 세계를 돌아다니며 상품 개발에 힘쓰고, 시간이 날 때마다 매장을 방문해 상품의 진열 상태, 고객 응대 등을 확인한다. 그의 현재 목표는 일본 균일가 시장에서 다이소가 차지하는 위상만큼 국내에서도 위상을 키우는 것이다. 이를 위해 고객들을 즐겁게 만드는 상품을 우선적으로 만들겠다는 계획을 가지고 있다.

박 대표가 지닌 실행력은 조직의 일원이 갖추어야 할 덕목 중에서 가장 중요하다고 할 수 있다. 머릿속으로 생각만 하고 있어서는 조직 내에서 아무 성과도 이룰 수 없기 때문이다. 직접 움직이고 추진해야 조직에 기여할 수 있고, 차별화된 커리어를 쌓아 나갈 수 있다.

성공과 실패의
유일한 차이는 실행력이다
알렉산더 그레이엄 벨

글로벌 시대를 살면서 외국어 구사 능력 못지않게 중요한 것은
다양한 문화를 받아들이고 그에 적응하는 유연성이다.
다민족이 한데 섞여 일해야 하기 때문에 서로를 존중하지 않고서는
시너지 효과를 낼 수 없다.

Contribution

아무도
거들떠보지 않는
우물 안 개구리에서
벗어나기

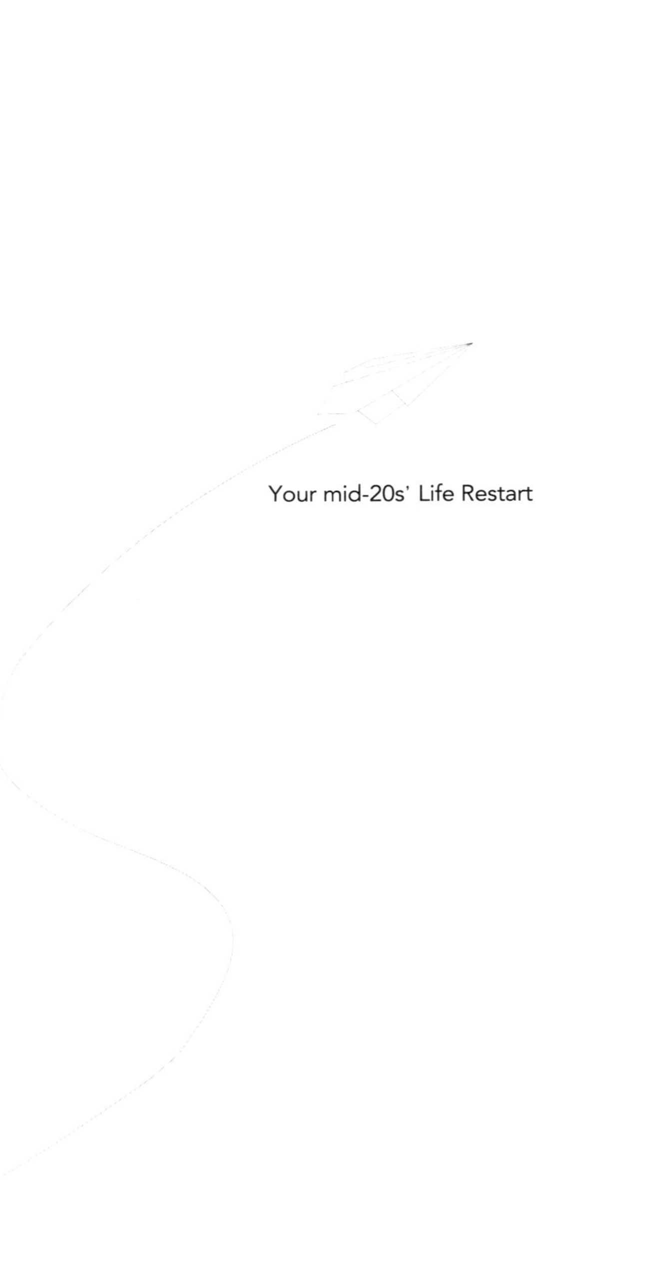

Your mid-20s' Life Restart

'통' 해야
더 많은 기회를 얻는다

아웃소싱을 넘어 글로벌소싱이 사회적 이슈로 부상한 시대다. '글로벌소싱'이란 국적을 가리지 않고 우수한 인재를 적극적으로 유치하는 것을 뜻한다.

국내 L전자의 경우 사장급에 속하는 CXO Level 7명 중 5명을 외국인으로 교체했다. 기업의 체질을 근본적으로 변화시켜 글로벌 DNA를 가진 조직을 만들고, 그러한 인재를 육성하겠다는 의도에서다. 삼성전자도 구성원 중 55%만이 국내에 상주하는 인력이고, 45%는 외국에서 근무하는 한국인이거나 외국인이다.

이처럼 조직의 구성이 달라짐에 따라 기업의 문화도 바뀌고 있다.

다양한 국적과 인종의 인재들을 수용하기 위한 노력으로 인사 시스템을 재정비하고, 각국의 사업장마다 동일한 승진 및 교육 기회를 부여하고 있다.

이와 같은 글로벌 시대에 기본적으로 필요한 것은 외국어 구사 능력이다. 세계 각지의 사람들과 교류하고 시장을 개척하기 위해서는 의사소통이 원활해야 한다. 외국어 구사 능력이 뛰어나면 그만큼 더 많은 기회를 얻을 수 있다.

싱가포르는 영어를 제1언어로 삼고 있으며, 미국은 고등학교 때부터 스페인어를 제1외국어로 가르친다. 최근 들어 중국으로 유학을 떠나는 학생이 많아진 점도 이러한 세태를 반영하는 것이다.

또한 글로벌 시대를 살면서 외국어 구사 능력 못지않게 중요한 것은 다양한 문화를 받아들이고 그에 적응하는 유연성이다. 다민족이 한데 섞여 일해야 하기 때문에 서로를 존중하지 않고서는 시너지 효과를 낼 수 없다.

각국의 기업들은 글로벌 환경 변화에 순발력 있게 대응할 수 있는 리더를 필요로 한다. 그러나 이러한 리더들의 육성은 질적 혹은 양적인 측면에서 여전히 미흡한 실정이다.

미국의 경제 전문지 《포천》이 500대 기업을 대상으로 조사한 바에 따르면, 글로벌 리더가 부족하다는 대답이 60%, 글로벌 리더십 역량이 부족하다는 대답이 50% 이상이었다.

이러한 상황이니 글로벌 환경에 적응하고 기여할 수 있는 인재가 되는 것을 목표로 삼고 커리어를 쌓아 나가는 게 구직자들에게는 장기적으로 유리하다. 글로벌 시장에서의 경쟁력Contribution을 가지지 못한다면 언제까지나 우물 안 개구리처럼 손바닥만 한 하늘만 쳐다보며 살아야 하기 때문이다.

그렇다면 글로벌 환경에 적응하고 기여할 수 있는 인재가 되기 위해서는 어떤 것들이 필요한지 짚어 보도록 하자.

책상 앞에서
꿈꾸지 마라

최근 서브프라임 사태로 인해 미국 경제가 흔들리자, 세계 각국의 경제도 더불어 추락하고 있다. 각국의 대표들이 긴급히 모여 공조를 제창하고 구체적인 대책을 세우기 위해 부심하는 모습을 보면서 세계 경제가 하나로 묶여 있음을 새삼 느끼게 된다.

현재 각국의 기업들은 국경이나 이념에 구애받지 않고 전 세계를 무대로 활동하고 있으며, 세계는 하나의 거대한 시장이 되었다. 그 안에서 치열한 경쟁을 이겨 내고 살아남기 위해서는 글로벌 시장에 맞는 능력을 발휘할 줄 알아야 한다. 자신의 무대를 좁게 한정 짓지 않고 넓은 곳에서 뜻을 펼치겠다는 포부가 있어야 발전도 있는 법이다. 많은 CEO와 전문가들은 글로벌 마인드를 갖춘 사람이 세계 시장에서 두각을 나타낼 것이라고 지적하고 있다.

글로벌 마인드는 편견이나 선입견에 구애받지 않는 오픈 마인드를 뜻하기도 한다. 즉 인종이나 관습, 문화가 다르더라도 이를 충분히 포용하고 공감대를 형성할 수 있는 마음 자세이다. 글로벌 마인드를 가진 사람은 어느 나라에 가건, 어떤 사람을 만나건 어렵지 않게 동화될 수 있다.

SK경영경제연구소 권순엽 부사장은 대표적인 글로벌 마인드의 소유자다. 그는 틀에 갇히기를 거부하고 늘 새로운 것에 도전해 왔으며, 그 과정에서 포용력과 자신감을 얻을 수 있었다고 한다. 미국에서 변호사로 커리어를 시작한 그가 지금의 자리까지 오를 수 있었던 것도 글로벌 마인드 덕분이다.

한계를 두지 마라

역사를 돌아보면, 글로벌 마인드의 소유자들은 모험을 두려워하지 않았고 늘 새로운 것을 받아들일 준비가 되어 있었다. 그 대표적인 인물이 바로 《동방견문록》을 쓴 마르코 폴로다.

베네치아 상인의 아들로 태어난 마르코 폴로는 열일곱 살의 어린 나이에 아버지와 숙부를 따라 동방으로 길을 떠났다. 그는 위험을 무릅쓰고 육로를 따라 여행하면서 견문을 넓혔고, 새로운 문물을 스스럼없이 받아들이는 포용력을 키웠다.

그러면서 틀이 잡힌 그의 글로벌 마인드는 원나라 황제 쿠빌라이 칸의 마음을 단번에 사로잡았다. 상도의 여름궁전에서 마르코 폴로를 만난 황제는 한눈에 그의 뛰어난 역량을 알아보고 관직을 내려 곁에 두었다. 그리고 그 후로 마르코 폴로가 서방으로 떠나기까지 17년 동안 총애를 거두지 않았다.

그처럼 오랜 세월 황제의 마음을 사로잡을 수 있었던 그의 힘은 시대를 뛰어넘어 권순엽 부사장에게도 전해졌다.

그가 국내 통신 업계에 발을 들여놓은 것은 2000년 초 한솔엠닷컴 신규 사업 담당 부사장직을 맡으면서부터였다. 이전까지 그의 직업은 국제 변호사였다.

변호사로서 그의 이력은 눈부실 정도로 화려하다. 주미 대사관 및 정보통신부 자문 변호사를 거치면서 대통령 표창과 정보통신부 표창을 수상한 바 있고, 통상 및 통신 분야 변호사로서 최고의 전문가라는 평을 들었다. 1989년 미국이 통상법 슈퍼 301조를 내세워 우리나라 통신 시장 개방을 요구했을 때 우리 측 자문 변호사로 활약하기도 했다.

그런 명성을 뒤로하고 통신 업계로 뛰어든 것은 변화에 대한 갈망 때문이었다. 때마침 한솔그룹 조동만 회장이 그에게 한솔엠닷컴 부사장직을 제의했다. 당시 권 부사장의 통신 분야에 대한 전문적 지식과 유연하면서도 예리한 식견은 누구라도 탐을 낼 만한 것이었기 때문이다.

한솔아이글로브로 자리를 옮긴 후에도 그는 끊임없이 변화를 추구했다. 오늘날 보편화된 메트로이더넷 기반 광랜 서비스 출시를 위해 퀴워콤에 전략적 제휴를 제안했고, 이를 성사시키기 위해 직접 발로 뛰어다니며 사람들을 설득했다. 변화를 추구하는 이러한 성향은 공격적 경영을 가능케 했다.

이처럼 자신의 한계를 정하지 않고 책상 앞에서가 아닌 현장에서 부지런히 뛰어다닌 덕분에 그는 단기간에 사업을 확장할 수 있었다. 마르코 폴로가 원나라 생활에 안주하지 않고 또 다른 모험을 택했듯이 그 역시 앞으로도 끊임없이 변모해 나갈 것이다.

레드오션에서 벗어나기

한때 블루오션이란 말이 크게 유행한 적이 있다. 사람들은 너도나도 경쟁이 심한 레드오션에서 벗어나 블루오션을 찾아야 한다고 떠들었다.

그 후로 몇 년이 흘렀지만 대부분의 사람들은 여전히 레드오션에서 허덕이고 있다. 그들이 레드오션을 벗어나지 못하는 이유는 틀에 박힌 생각 때문이다.

그런 점에서 보면 글로벌 마인드를 가진 사람은 블루오션으로 나아가는 데 매우 유리하다 할 수 있다. 틀에 갇혀 있지 않아 새로운 대안을 찾기가 용이하기 때문이다.

권 부사장은 평생 안락한 삶이 보장되는 국제 변호사보다는 모험을 즐길 수 있는 전문 경영인 자리를 선택했다. 그 후 많은 위기를 겪었지만 그때마다 글로벌 마인드에서 기인한 순발력과 자신감으로 난관을 헤쳐 나갔다.

2003년 12월에 있었던 와이브로 사업권 쟁탈전은 그의 능력을 확실히 보여 준 사건이었다. 그 무렵 하나로텔레콤을 비롯해 KT, SK텔레콤, 데이콤 등 통신 업계 4대 선두주자들이 와이브로 사업권을 얻기 위해 밀고 당기는 각축전을 벌이고 있었다.

4개 업체 가운데 하나로텔레콤만이 무선 기반 통신망을 갖추지 못했기 때문에 상대적으로 열세에 몰린 상황이었다. 더구나 4개 업체 가운데 3개 사를 선발하는 방식이라 탈락한 기업은 이미지에 치명적인 타격을 받을 터였다. 그는 전세를 역전시킬 묘책을 반드시 찾아야만 했다.

그는 당시 모 일간지 기자와 만난 자리에서 하나로텔레콤이 와이브로 사업자로 선정되어야 하는 당위성에 대해 이렇게 설명했다.

“하나로텔레콤에게 와이브로는 기존 전화 및 인터넷 가입자들에게 하나로텔레콤 망을 이용하는 새로운 서비스를 제공하는 ‘플러스 알파’ 의 성격을 갖고 있습니다. 당연히 하나로텔레콤은 와이브로에 올인 해야 하고, 할 수밖에 없습니다.”

하나로텔레콤이 와이브로 사업에 올인 할 수밖에 없는 이유를 장점으로 내세운 것이다. 이는 약점을 강점으로 바꾼 기발한 발상이었다. 그의 기지로 하나로텔레콤은 당당히 와이브로 사업권을 따내 통신 업계에서 확고히 자리매김할 수 있었다.

그 밖에 하나로텔레콤이 데이콤과 2년 넘게 접전을 벌이던 두루넷 인수를 성공적으로 마무리한 것과, 윤창범 전 사장이 사임한 직후 대규모 임원 구조 조정 등의 난제를 무난히 해결한 것도 권 부사장의 수훈이었다.

그는 현재 글로벌 마인드를 바탕으로 창출한 참신한 아이디어로 자신만의 블루오션을 만들어 가고 있다. 혼자 여유롭게 즐길 수 있는 바다를 갖고 싶다면 남들과는 다른 방향으로 항해하도록 하자. 그게 정답이다.

생각대로 하면 뭐든 된다

너나없이 글로벌 마인드를 가져야 한다고 얘기하지만, 이것이 하루아침에 생겨나는 것은 아니다. 끊임없이 자신을 돌아보면서 확고한 의지를 가지고 스스로를 변화시키려 노력해야 한다.

권 부사장은 대학 시절 더 큰 세상에 나가 배우고 싶다는 생각에 우학을 결심했다. 주변 사람들은 극구 만류했다. 당시 서울대 법대를 다니던 중이라 사법 고시만 패스하면 장밋빛 인생이 펼쳐질 것이었기 때문이다.

하지만 그는 새로운 세계에서 자신의 한계를 확인하고 싶었다. 그 때까지 외국에 가 본 적이 없는 데다 영어 실력도 그리 출중하지 않아 체계가 전혀 다른 외국법을 공부하는 게 쉽지 않을 것임은 자명했다. 그래도 그는 도전해 보고 좌절하는 쪽을 택했다.

그는 미국 학생들과 동일한 조건에서 공부했다. 그러다 보니 수업을 따라가기가 벅찼을 뿐만 아니라 매일 읽어야 할 책들을 소화해 내기도 버거웠다. 한계를 느꼈지만 그래도 포기하지 않고 최선을 다했다. 그러던 어느 날 그의 인생에서 잊지 못할 사건이 벌어졌다.

법대 1학년 모의 법정에서의 일이었다. 판사 앞에서 유대인 학생들과 논쟁을 하는데, 영어 실력이 부족한 탓에 자신의 생각을 제대로 표현할 수가 없었다. 그는 답답했지만 포기하지 않고 끝까지 자신의 몫을 다했다.

판사가 참여 학생들이 제출한 준비 서면을 평가하는 시간이 돌아왔다. 기대도 하지 않았는데, 판사는 4명 중 유일한 외국인 학생이던 그에게 가장 좋은 평가를 내렸다.

그때 그는 언어의 장벽도 노력하면 넘을 수 있다는 자신감을 갖게 되었다. 끊임없는 논리적 사고의 훈련이 그의 글에 설득력을 실어 준 것이다.

권 부사장이 글로벌 마인드를 갖추게 된 데는 이처럼 한계에 도전하는 정신, 그리고 자신감이 가미된 노력이 밑바탕이 되었다. 이와 같은 역량을 갖추고 싶다면 무엇보다 먼저 포기하지 않고 최선을 다하는 열정을 발휘해야 한다. 그래야만 최근 한 광고 문구처럼 '생각대로 하면 되는' 경지에 이를 수 있다.

인류 역사는
커다란 하나가 되기 위한 행진이다
톨스토이

베이징 올림픽의 감동이 채 가시기 전에 그보다 더 큰 감동으로 내 가슴을 물들인 것은 장애인 올림픽에 참가한 우리 대표 선수들의 선전이었다. 선수촌은커녕 훈련장조차 구하기 힘든 열악한 환경 속에서도 꺾이지 않던 그들의 도전 정신이야말로 우리가 앞으로 살아가는 데 잊지 말아야 할 본보기라 할 수 있다. 글로벌 시대의 험난한 파도를 헤쳐 나가기 위해서는 그들이 보여 준 도전 정신을 우리도 반드시 가져야만 한다.

그런 의미에서 꼭 짚고 넘어가야 할 사람이 바로 BMW코리아의 수장인 김효준 대표다. 본격적인 한국 진출을 단행한 첫해인 1995년에 불과 714대의 판매고를 기록한 BMW가 2007년 4만 5864대로 수입차 시장에서 판매 1위를 할 수 있었던 것은 그의 지칠 줄 모르는 도전 정신 덕분이었다.

김 대표는 도전 정신이야말로 자신의 커리어를 북돋워 주는 자극제라고 말한다.

도전과 응전의 파노라마

"문명은 도전과 응전의 역사다."

아널드 토인비의 말처럼 인간은 반복되는 도전과 응전의 과정을 겪으며 역사를 일구어 왔다. 그리고 그 속에서 승리한 자가 역사의 주인공으로 후세에까지 이름을 남겼다. 우리의 인생도 마찬가지다. 계속되는 도전과 응전을 겪으며 차츰 커리어가 쌓이는 것이다.

김효준 대표의 힘겨운 도전은 어릴 때부터 시작되었다. 아버지가 교통사고를 당해 집안 형편이 어려워지자, 장남이던 그는 동생들 뒷바라지를 위해 상고 진학을 택했다. 고등학교에 다니면서도 중학생 과외 지도로 돈을 벌어 집안 살림을 도왔다. 이처럼 어려운 환경은 그를 늘 압박했지만 그는 결코 포기하거나 쓰러지지 않았다.

김 대표는 고등학교 3학년 때 교사의 추천으로 삼보증권(현 대우증권)에 입사하면서 일찌감치 직장인이 되었다. 그러나 직장 역시 그에게는 호의적이지 않았다. 그는 몇 개월 근무하면서 상고 졸업의 학력이 눈에 보이지 않는 장벽이라는 사실을 깨닫게 되었다.

능력이 뛰어났던 선린상고 선배가 단지 대학을 못 나왔다는 이유로 진급에서 밀리는 것을 보고 그는 다른 길을 모색해야겠다는 생각을 품게 되었다.

직장을 다니다 입대한 그는 휴가 중에 고등학교 때 은사님을 찾아 뵌 자리에서 학력보다는 성과 위주의 외국계 기업을 알아보라는 조언을 들었다. 그의 인생에 큰 전환점이 된 조언이었다. 은사님의 말씀을 새겨들은 그는 제대 후 하트퍼드라는 외국계 보험 회사로 자리를 옮겼다.

당시 외국계 손해 보험 회사는 하트퍼드와 AIG 두 곳뿐이었다. 국내에 진출한 외국계 기업이 많지 않던 때라 낯선 기업 문화에 적응하기가 쉽지는 않았다. 하지만 조직에 적응하기 위해 꾸준히 노력했고, 자연스럽게 승진도 하게 되었다.

그러나 직급이 높아지면서 새로운 장벽이 눈에 들어왔다. 바로 영어였다. 경리과장이 되고 나서는 그룹 회의에 참석할 일이 늘어났는데, 영어 실력이 따라 주지 않아 답답했다. 답답함을 풀기 위해 영어 학원에 다니면서 공부를 시작했다.

그런데 얼마 후 하트퍼드가 다른 회사와 합병을 하면서 그는 졸지에 직장을 잃게 되었다. 다시 직장을 구하기 위해 뛰어다니던 그는 미국계 제약 회사인 신텍스에서 한국 지사를 설립하기 위해 직원을 뽑는다는 소식을 들었다.

마침 제조업 쪽에 관심을 가지고 있던 김 대표는 신텍스에 지원을 했다. 늘 새로운 변수에 대비하여 틈틈이 공부를 해 둔 덕에 까다로운 면접 과정도 어렵지 않게 통과할 수 있었다.

신텍스에서의 생활은 그에게 또 다른 도전이었다. 그는 부사장에 이어 대표 이사 자리에까지 올랐지만, 신텍스 역시 합병을 당하는 바람에 다시 좌절을 맛보아야 했다. 대표로서 도의적인 책임이 있었기에 그는 직접 정리 수순을 마치고 직원들의 취직을 위해 백방으로 뛰어다녔다. 그러다 인연이 닿아 BMW코리아의 상무로 자리를 옮기게 되었다.

이처럼 그의 인생은 도전과 응전의 반복이었다. 성공과 실패를 거듭했지만 늘 도전을 두려워하지 않았고, 덕분에 새로운 기회를 얻을 수 있었던 것이다.

이 시대가 원하는 인재, 프로틴이 되기 위해서는 도전에 인색해서는 안 된다. 그리고 그 도전에 따르는 응전에 정중하게 대응해야 한다. 응전이 없는 도전은 역량을 키우는 데 아무런 도움도 되지 않기 때문이다.

호기심이 세상을 바꾼다

도전 정신은 호기심에서 비롯된다. 장벽 너머에 무엇이 있는지 알고 싶기 때문에 그것을 뛰어넘으려 애쓰는 것이다. 김 대표는 다른 나라의 관습이나 문화, 언어에 대한 호기심을 '학습적 모험심'이라고 말한다. 학습적 모험심이야말로 사람을 발전시키는 가장 큰 원동력이다.

BMW 임원 면접 때의 일화는 그의 학습적 모험심을 잘 보여 준다. 독일 뮌헨에서 최종 면접이 끝난 후 본사 임원들이 그에게 특별히 한국에서 온 후보자이니 한국 레스토랑에서 대접을 하겠다고 했다. 앞서 면접을 본 8명의 각 부문별 후보자 모두 한국 레스토랑을 선택했고, 그 역시 한국 사람이니 당연히 그곳에 가겠다고 할 줄 알았던 것이다. 그러나 그의 대답은 예상 밖이었다.

"독일에 왔으니 독일 정통 레스토랑에 가고 싶습니다."

독일을 처음 방문했기에 독일 정통 레스토랑이 어떻게 생겼는지, 독일 음식 맛은 어떤지 꼭 경험해 보고 싶었던 것이다. 기회만 있으면 늘 새로운 것을 체험하고 싶어 하는 그의 모습에 임원들은 높은 점수를 주었다.

이처럼 그는 늘 사소한 것이라도 그냥 지나치지 않고, 호기심 가득한 시선으로 사물을 대했다. 또한 남들이 당연하게 여기는 일을 당연하게 보지 않고, 항상 그 안에서 새로운 것을 찾으려 노력했다. 이런 태도가 그의 업무와 인간관계, 그리고 장기적으로 봤을 때 커리어에도 많은 도움을 주었다.

땀을 흘릴 줄 아는 사람

도전 정신은 많은 땀을 요구한다. 게으른 사람들은 도전할 엄두조차 내지 못한다. 땀은 절대 배신하지 않는다는 신념을 가진 사람들만이 도전을 할 수 있고, 그 성과를 즐길 수 있다.

김 대표는 땀을 흘릴 줄 아는 사람이었다. 삼보증권에서 일할 때 그가 첫 여름 휴가를 받아 간 곳은 다름 아닌 지방의 지사들이었다. 전화로만 업무 이야기를 나누던 지사 사람들을 직접 만나 이야기를 나누어 보고 싶다는 생각에 출장비 한 푼 나오지 않는 일을 감행한 것이었다.

한국신텍스에 입사했을 때는 공장 허가가 나지 않아 회사가 위기에 몰리자, 누가 시키지도 않았는데 자발적으로 나섰다. 요인을 분석하고 관련 법규와 규정을 독파한 후 직접 뛰어다니면서 관계자들을 설득해 결국 허가를 받아냈다.

그 결과 13명이던 한국신텍스 직원이 135명으로 늘어났고, 매출액도 꾸준히 상승했다. 그의 초고속 승진은 이처럼 많은 땀을 흘린 대가였다.

신텍스 본사가 스위스 로슈에 매각될 때도 그랬다. 130여 명의 직원이 일자리를 잃을 위기에 놓이자, 그는 자신의 인센티브를 직원들에게 골고루 나누어 준 후 그들의 취직을 부탁하기 위해 헤드헌터들을 찾아다녔다.

그렇게 직원들 취직을 알아보러 다니다 우연히 BMW로부터 면접을 보라는 제의를 받았다. 이미 내정된 2명의 후보자가 있었지만 인원수를 채우기 위해 들러리가 필요하다는 것이었다. 그는 들러리를 서 주는 대신 다른 직원들의 재취업을 도와 달라고 부탁했다. 그렇게 해서 뜻하지 않게 면접을 보게 되었다.

그와 함께 면접에 나선 2명의 후보는 미국 유명 대학 박사와 MBA 출신이었다. 그런데 놀랍게도 BMW는 김 대표를 택했다. 한국신텍스 설립 당시의 공로는 물론이고, 회사 정리 과정에서 보여 준 그의 신의가 높은 점수를 얻었던 것이다.

고졸이라는 학벌과 자동차 관련 경력이 전무하다는 핸디캡은 전혀 문제가 되지 않았다. 오히려 면접 당시 방송 대학을 다니며 공부하고 있다는 얘기가 독일 본사 사람들에게 호감을 불러일으켰다.

이때부터 그의 행로에는 거칠 것이 없었다. 1997년 전무로 승진, 1998년 부사장으로 승진한 데 이어 2년 뒤에는 사장 자리에까지 올랐다. 그리고 2003년에는 아시아인으로는 최초로 BMW 본사 임원으로 임명되었다.

BMW의 규정에는 2개국 이상에서 CEO로 활동한 사람만 임원으로 발탁할 수 있도록 되어 있다. 이에 본사는 회사 규정까지 바꿔 김 대표를 임원으로 뽑았다.

한때 ‘상고 출신 CEO’라는 수식어가 따라다녔던 그가 명실상부한

‘글로벌 CEO’로 거듭난 것이다.

우리가 그의 일화에서 알 수 있는 점은 글로벌 시장에서는 학벌보다는 개인의 능력을 더 중요시한다는 것이다. 그는 목표를 이루기 위해 땀을 아끼지 않은 사람은 반드시 대접을 받게 된다는 것을 증명한 사람이다. 지금 만약 당신이 자신의 역량이 부족하다고 생각된다면 얼마나 더 많은 땀을 흘려야 하는지 생각해 보자.

할 수 있다고 생각하면 할 수 있다

베르길리우스

남보다 1% 특별한 생각을 해내는 것은 생각보다 쉽다

글로벌 시장이 확대되면서 기업의 자산 가치 중 브랜드 가치가 차지하는 비중이 점점 높아지고 있다. 미국 500대 기업의 시가 총액에서 브랜드 가치가 차지하는 비중이 38%로 유형 자산의 비중을 앞설 정도다. 이제 브랜드는 단순한 상표나 로고가 아니라, 기업이 가진 가장 중요한 자산이다.

브랜드의 가치가 상승하다 보니 브랜드 컨설팅 분야 또한 활기를 띠게 되었다. 브랜드 컨설팅은 무형의 부를 창조하는 분야로, 창의력과 아이디어, 디자인 감각, 트렌드를 읽는 능력 등을 필요로 한다.

브랜드 컨설팅 분야에서 최근 가장 주목받는 인물이 인터브랜드코리아의 박상훈 대표다. 인터브랜드는 브랜드 가치 평가에서 가장 신뢰할 만한 지표를 제시하고 있는 글로벌 기업이다. 해마다 7월쯤이면 세계 각국 기업들이 인터브랜드의 브랜드 가치 평가 결과인 '글로벌 100대 브랜드Best Global Brands 100'를 기다린다.

박상훈 대표가 글로벌 시장을 개척하는 데 있어 가장 중요하게 여기는 덕목은 바로 창의력이다. 그는 창의력을 가진 인재만이 험난한 글로벌 환경 속에서도 살아남아 자신의 커리어를 개척할 수 있다고 주장한다.

인재는 하루아침에 만들어지지 않는다

모차르트나 이태백과 같은 천재가 아니라면 창의력을 발휘하기에 앞서 많은 준비가 필요하다.

인터브랜드의 경우 각국의 인력을 활용해 브랜드 컨설팅을 돕는 네트워크 기반을 구축하고 있는데, 바로 자체 인터라넷인 'OUR FISHBOWL'이다. 이를 통해 7000여 개의 프로젝트 사례를 전 세계 40개 오피스에서 공유하고 있다. 전 세계의 다양한 비즈니스 환경에서 수행한 각종 프로젝트 사례를 통해 노하우를 보다 쉽게 얻을 수 있는 것이다.

인터브랜드의 직원들은 세계 주요 도시에 위치한 자회사들을 연결한 '언어 평가 네트워크'를 통해 48시간 안에 각국의 부정적 연상과 그 적절성을 체크할 수 있다. 예를 들어 자동차 이름을 지을 때 'Nova'(스페인어로 '가지 않는다'라는 뜻) 같은 단어를 채택하는 실수를 원천적으로 봉쇄할 수 있는 이야기다.

박 대표도 지금과 같은 능력과 감각을 갖추기 위해 많은 준비를 했다. 그는 고등학교 때부터 케인스나 밀턴 프리드먼과 같은 경제학자들의 책을 읽으며 경제에 대한 관심을 키웠다. 그러나 대학에 들어간 후로는 경영 쪽으로 관심이 바뀌었다. 그는 종합적 판단 능력과 진취적 성향을 바탕으로 비즈니스의 흐름을 꿰뚫는 통찰력의 소유자가 되고 싶었다. 그래서 일찌감치 MBA 과정을 밟겠다는 목표를 세웠다.

MBA를 준비하던 도중 직장 경험의 필요성을 느꼈다. 그래서 일단 취직 쪽으로 눈을 돌렸다. 하지만 막상 취직을 하려니 쉬운 일이 아니었다.

1980년대 중반 최고의 직장으로 손꼽히던 몇몇 종합 금융 회사 공채 시험에서 보기 좋게 고배를 마신 후 간신히 동서식품에 합격할 수 있었다. 당시 입사 경쟁률이 200 대 1이 넘었다 하니 결코 쉬운 일은 아니었다.

동서식품에서 원하던 마케팅 부서에서 일하게 된 그는 최선을 다했다. 마케팅과 관련된 업무라면 밤을 지새우는 일도 마다하지 않았다. 그러다 보니 어떤 일에서든 회사가 바라는 것 이상의 결과를 보여 줄 수 있었다. 그렇게 6개월이 지났을 무렵, 제품 매니저의 역할을 맡게 되었다.

그 무렵 '커피 믹스'라는 신개념의 제품이 막 출시되었다. 박 대표는 커피 믹스 마케팅 니즈에 대한 연구 조사 작업을 하면서 신제품 마케팅에 재미를 붙이게 되었다. 밤늦게까지 관련 자료를 읽으며 연구를 거듭했다. 그러한 노력 덕분이었는지 매출이 매년 40% 이상씩 성장했다.

뛰어난 활약 덕택에 그는 이홍희 회장의 눈에 들었다. 어느 토요일 으후, 회사에 남아 마케팅 자료를 정리하고 있는 그에게 이 회장이 다가와 말을 건넸다.

"자네는 미래에 경영자가 되어야 할 사람이네. 그러기 위해서는 마케팅뿐만 아니라 회계도 잘 알아야 한다네. 원가 개념을 모르면 다른 걸 아무리 많이 알아도 훌륭한 경영자가 될 수 없어."

그는 그 후 바로 공장으로 발령을 받았다. 직책은 공장 회계 담당이었다. 그곳에서 1년 동안 원가 회계, 관리 회계 등을 시작으로 제조업에 필요한 모든 회계 업무를 익혔다. 지금처럼 컴퓨터 시스템이 잘 갖추어진 시절이 아닌지라 며칠씩 밤샘 근무를 하는 경우도 다반사였다.

1년이 지난 후 그는 핵심 부서인 경영기획실 예산 관리 부서로 다시 옮겨야 했다. 이제는 회사의 핵심 인재로 승승장구할 일만 남은 상황이었다.

그때 그는 중대한 결심을 했다. 미래가 보장된 직장을 떠나 미국으로 건너가 MBA 과정을 밟기로 한 것이다.

박 대표는 자신의 역량을 키우기 위해 현실에 안주하지 않고 많은 노력을 기울였다. 덕분에 글로벌 시장에서 창의력을 인정받는 인재로 자리매김할 수 있었다. 그가 자신의 재능만 믿고 자만했다면 불가능했을 것이다.

다양한 경험을 쌓아라

인터브랜드는 1994년 한국에 인터브랜드코리아를 설립하고, 브랜드 전략, 브랜드 네이밍, 회사 이미지 통합^{CI}, 브랜드 가치 평가 등 기업의 브랜드 가치를 증대시키는 분야에 대한 전반적인 컨설팅을 제공하고 있다.

국내에 네이밍, 디자인 등 분야별로 전문화된 업체는 많았지만, 이를 통합해 브랜드 컨설팅을 총괄적으로 서비스하는 곳은 인터브랜드가 유일한 셈이었다.

2002년 인터브랜드코리아의 총괄 책임을 맡은 박 대표는 수많은 프로젝트를 성공적으로 이끌어 왔다.

신한은행에서 성공적으로 변신한 신한금융지주, 민영화에 발맞춰 글로벌 기업의 위상을 갖게 된 KT, GM 인수 후 새로운 CI로 성공의 밑판을 구축한 GM대우, 국가 브랜드 'Dynamic Korea', 한국의 관광 브랜드 'Korea Sparkling' 등이 그 예이다. 기아자동차의 오피러스, 현대자동차의 에쿠스, 티뷰론, 테라칸 등의 네이밍도 인터브랜드코리아의 작품이다.

뿐만 아니라 브랜드 슬로건 개발 부문에서 인터브랜드코리아는 타의 추종을 불허한다. 현대자동차의 'Drive your way', 국민은행의 '미래를 여는 지혜', 교보생명의 '소중한 꿈이 이어지는', GS이숍의 '기분 좋은 발견' 등 기억에 남는 걸작이 많다.

이러한 성과들은 박 대표가 적재적소에서 탁월한 창의력을 발휘한 결과였다. 그 밑바탕에는 물론 그가 겪은 다채로운 경험이 깔려 있다.

박 대표가 MBA 과정을 마친 후 귀국해서 근무한 곳은 이탈리아계 패션 업체인 베네통이었다. 그는 마케팅 팀장으로서 뛰어난 수완을 발휘했다. 그 결과 한국의 베네통 매장은 10개에서 110개로 늘어났그, 매출은 600억 원대에 이르렀다.

그는 베네통에서 일하며 마케팅적 문제 해결 능력이 있다면 디자이너가 아니어도 패션 분야에서 성공할 수 있다는 자신감을 얻었다. 그 후로도 영국계 디아지오, 프랑스계 지방시 등을 거치며 다양한 분야에서 경력을 쌓았다. 그러면서 많은 것을 배울 수 있었다.

이처럼 다양한 분야를 접하면서 그는 어떤 환경 변화에도 적응할 수 있는 마케팅 전문가로 성장하게 되었다.

21세기 글로벌 시대를 사는 우리는 바다만 보고 살다가 어느 날 사막 한가운데에 뚝 떨어진 것이나 다를 바 없다. 모든 것이 낯선 이곳에서 살아남기 위해서는 다방면으로 능력을 개척해야 한다. 그 가운데에서도 특히 창의력은 필수다.

물론 막막하다는 생각이 앞설지도 모른다. 하지만 생존이 걸린 문제이니 쉽게 포기해서는 안 된다. 창의력은 새우를 고래로 성장하게 하는 원동력이다.

이 세상의 훌륭한 것은
모두 독창성의 열매이다
존 스튜어트 밀

성공의 기준치는
높을수록 좋다

글로벌 시대가 도래하면서 범세계적으로 통용되는 표준, 즉 글로벌 스탠더드가 절실해진 상황이다.

이에 대한 요구는 경제 분야뿐만 아니라 정치, 사회, 문화 등 광범위한 영역에서 빠르게 확산되고 있다. 이런 상황에서 자국의 기술이 글로벌 스탠더드가 될 수 있다면 세계 시장을 석권하는 것은 그리 어렵지 않은 일이다.

EXR코리아의 민복기 대표는 이러한 사실을 잘 알았기에 글로벌 스탠더드가 될 수 있는 새로운 패션 트렌드를 구상했다. 바로 캐주얼과 스포츠를 접목시킨 '캐포츠' 다.

새로운 것, 다른 것, 특별한 것

온라인 환경과 다양한 유통 채널로 이제는 누구나 글로벌 스탠더드를 만들어 낼 여지가 충분하다.

원한다면 제품을 만들어 유튜브에 띄울 수도 있고, 온라인 몰을 통해 해외 시장의 문을 두드릴 수도 있다. 그러나 남다르지 않으면 글로벌 스탠더드로 자리 잡기가 어렵다. 그런 의미에서 EXR의 도전은 주목할 만하다.

EXR은 운동할 때나 입는 옷으로 여겨지던 트레이닝복을 외출복의 인기 트렌드로 만든 브랜드로, 요즘 들어 미혼 여성은 물론 미시 주부들 사이에서도 큰 인기를 누리고 있다.

EXR을 이끄는 민복기 대표는 '캐포츠'라는 슬로건을 내세워 의류 시장에 뛰어든 후 지속적인 변화와 도전의 역사를 쓰고 있다. 그의 목표는 EXR을 국내 시장뿐 아니라 해외 시장에서도 인정받는 브랜드로 만드는 것이다. 그리고 그 브랜드가 창출한 트렌드가 글로벌 스탠더드로 자리 잡는 것이다.

이를 위해 민 대표는 새로운 것, 다른 것, 특별한 것을 추구했다. 이미 시장에 나와 있는 것과는 다른 물건을 만들어야 한다는 생각이 스포츠 패션과 결합한 캐주얼 영역의 개발로 이어졌다. 이런 아이디어를 내는 데는 나이키와 휠라코리아를 거치면서 쌓은 경험이 큰 도움이 됐다.

민 대표는 브랜드를 런칭 하기 위해 많은 준비를 했다. 6개월 동안 읽은 책이 평생 읽은 책의 절반 가까이를 차지할 정도로 그는 다방면에서 정보를 취합해 검토하고 아이디어를 가다듬었다. 그 결과 캐주얼과 스포츠의 합성어인 '캐포츠' 라는 용어가 탄생했다.

그러나 아이디어는 늘 하나의 씨앗에 불과했다. 꽃이 피고 열매를 거두기까지는 힘든 과정을 거쳐야 했다.

막연한 개념을 눈에 보이는 상품으로 만드는 것이 쉬울 리 없었다. 디자이너들과 샘플을 만들고 모니터링을 하는 과정을 수없이 거쳤지만, 그의 머릿속에 떠오른 아이디어를 제대로 구현한 제품은 나오지 않았다. 그러다가는 시작도 못해 보고 막을 내려야 할 것 같았다.

민 대표는 이래서는 안 되겠다는 생각에 디자이너들을 데리고 외국으로 나갔다. 다양한 외국의 유명 브랜드 제품들을 대하면 좋은 아이디어가 떠오를 것이고, 상품에 대한 눈을 높이면 그만큼 디자인도 향상될 수 있으리라는 믿음 때문이었다.

그들은 유럽과 미국, 일본 등지를 돌아다니며 다양한 브랜드의 샘플을 구입했다. 그리고 그것들을 모두 바닥에 펼쳐 놓고 장점, 특징, 공통점 등을 분석하면서 의견을 나누었다.

숱한 도전과 실패를 거듭하면서 디자인은 조금씩 다듬어져 갔다. 처음에는 집요한 요구에 힘들어 하던 디자이너들도 차츰 그가 바라는 것이 무엇인지, 왜 더 잘 만들기 위해 애써야 하는지 이해하고 따라 주었다.

그렇게 탄생한 EXR의 스타일은 시장에서 큰 반향을 불러일으켰다. 런칭 이후 대다수의 사람들이 EXR을 해외 수입 브랜드라고 생각할 정도로 제품은 매우 정교하고 새로웠다.

글로벌 스탠더드를 지향하는 프로틴, 민 대표는 제품 출시에만 만족하지 않았다. 브랜드 런칭을 한 뒤에는 CRM 팀을 별도로 구성해 고객 개개인의 라이프스타일에 맞는 맞춤 서비스를 개시했다.

고객의 요구 사항을 그날 안에 해결하는 발 빠른 서비스는 1차 고객을 2차 고객으로 만들었다. 고객들은 제품은 물론 서비스에도 만족하며 충성 고객으로 변했다. 그러면서 브랜드 파워도 점점 상승했다.

'수백 마리의 소가 몰려가는 장관도 10분쯤 보고 나면 별다른 감흥을 느끼지 못할 것이다. 이때 보랏빛 소가 온다면 사람들이 얼마나 높은 관심을 보이겠는가!'

민 대표가 마케팅 관련 책 가운데 가장 감명 깊게 읽었다는 세스 고딘의 《보랏빛 소가 온다》의 한 구절이다. 새롭고, 다르고, 특별한 것에 대한 그의 열망이 얼마나 강한지를 보여 주는 대목이다.

글로벌 스탠더드의 메커니즘

글로벌 스탠더드는 품질로 말한다. 품질이 떨어지는 제품이 글로벌 스탠더드로 자리매김할 수는 없다. 품질에 대한 고민은 해외 시장을 노리는 모든 기업의 화두라 할 수 있다.

민 대표 역시 무엇보다 품질에 신경을 쓴다. 그가 품질의 중요성을 깨닫게 된 것은 일본에 OEM 방식으로 수출하는 신발 공장을 경영한 아버지 덕분이었다.

어릴 적 그는 회사 사옥에 살면서 학교가 끝나고 돌아오면 공장 일을 거들어야 했다. 그런데 신발을 정성스럽게 만들어 팔아도 고객들의 불평은 끊이지 않았다. '밑창이 금방 떨어져 버린다', '신발 앞부분이 발가락을 눌러 병원에 갔다' 는 식의 불만 접수가 들어오면 아버지는 제품을 수거해 빠짐없이 고쳐서 보내곤 했다.

그의 아버지는 품질에 관한 고집이 대단했다. 여러 검사를 모두 통과한 제품이라도 다시 한 번 꼼꼼히 살펴보고 나서야 출고를 지시했다. 한번 고객의 마음을 잃으면 그 고객은 영원히 돌아오지 않는다는 신념 때문이었다.

그는 어린 나이에도 최고의 제품을 만들고자 하는 아버지의 장인 정신이 존경스러웠다. 그는 아버지를 통해서 아무리 작은 것이라도 결코 사소하게 생각해서는 안 된다는 큰 교훈을 얻었다. 그가 막연하게나마 장래에 사업가가 되겠다고 결심한 것도 아마 그즈음이었을 것이다.

민 대표는 대학 졸업 후 나이키 브랜드를 관리하는 회사에서 근무했는데, 그때 신발 산업이란 무엇인지, 어떤 메커니즘 아래에서 움직이는지, 그리고 재고와 품질 관리는 어떻게 해야 하는지 등을 배울 수 있었다.

그는 주말에도 백화점에 가서 나이키 매장 직원들의 영업 기획을 도와주기도 하고, 재고가 많은 제품은 직접 판매도 했다. 직접 제품을 팔다 보니 타사 제품의 특성까지 모두 알게 되었다.

또 영업과 마케팅, 기획과 패션 트렌드에 대한 정보까지 더불어 얻을 수 있었다. 영업부에 근무하면서도 상품기획부 미팅에 참석할 정도로 열정을 쏟아부었다.

그 결과 나이키 현지 본사 교육에 참석하는 기회를 얻기도 했다. 1년 동안 미국에서 상품 기획 공부를 하면서 그는 더 좋은 상품을 만들기 위한 나이키 본사 직원들의 마인드와 노력을 배우고, 자세와 감각을 익힐 수 있었다.

그러나 배운 것을 그대로 실행하기에는 한국 지사의 역할이 너무도 미미했다. 그는 보다 큰 무대에서 자신의 아이디어를 펼치고 싶었다. 그러던 중 윤윤수 대표를 만나 휠라코리아 창립 멤버로 합류하게 되었다.

새로운 길을 개척하는 일은 쉽지 않았다. 그러나 힘든 만큼 배우는 점도 많았다. 특히 글로벌 스탠더드의 진면목에 대해 배운 것이 가장 큰 소득이었다.

글로벌 스탠더드로 거듭나기 위해서는 시장성이 있어야 한다. 각 국의 보호 무역 정책이 점차 약화되고 있는 글로벌 시대에는 세계의 각종 브랜드들이 동등한 입장에서 경쟁을 펼친다.

게다가 인터넷으로 세계 어느 곳에 있는 제품이라도 사고팔 수 있다. 이러한 무한 경쟁 시대에서 압도적인 인기를 누린다면 충분히 글로벌 스탠더드로 인정받을 만하다.

그런 면에서 EXR의 무서운 성장 속도를 주목해야 한다. 사업을 시작한 2002년 매출액이 110억 원이었는데, 2003년에는 800억 원, 2004년에는 1300억 원으로 늘어났다.

또한 2004년 중국 시장 진출, 2005년 일본 시장 진출 등 해외 시장으로의 확대가 거침없이 이어졌다. 의류 업계의 도산과 매출 감소로 시장에 위기설이 감돌 때 일구어 낸 성공이었다.

중국의 경우 2004년 8월 상하이 팔백반백화점 오픈을 시작으로 만 3년 만에 매장 수가 110개로 늘어났고, 일본에서는 EXR 마니아까지 생기면서 'EvolutionRevolution', 줄여서 'EvolRevol' 브랜드로 널리 알려지게 되었다. 게다가 얼마 전에는 인도네시아에까지 진출해 동남아시아 공략의 교두보를 쌓았다.

품질과 시장성 면에서 모두 인정받고 있는 EXR은 앞으로 그것을 어떻게 계속 유지하고 발전시킬까를 고민해야 할 것이다. 지속성을 갖추지 못한다면 그 역시 글로벌 스탠더드라 내세우기가 곤란하기 때문이다.

일은 삶의 보람을 주는 유희

민 대표는 패션 브랜드 대표답게 외국 바이어들과 미팅을 할 때는 정장 대신 네이비나 그레이 계열의 캐주얼 정장으로 패션 감각을 선보인다. 때로는 수입 판매 중인 신발 브랜드 컨버스의 캔버스화를 신기도 하고, 자사의 진 브랜드인 드레스투킬D2K의 가죽 가방도 자주 든다.

D2K는 브랜드 스토리는 영국, 디자인은 이탈리아, 브랜드 관리는 한국이 담당하는 분업 체계를 갖추어 해외 시장에서 호평을 얻고 있다.

이처럼 글로벌 스탠더드는 다양성을 포용하는 개념이다. 민 대표는 이를 충족시키기 위해 영국 카나비 스트리트에 디자인 스튜디오를 설립해 제품 디자인 능력 강화에 주력해 왔다. 또한 국내 직원에게 연구소를 통한 연수 기회를 제공해 영어를 배우고 최신 트렌드를 접할 수 있게 했다.

민 대표는 중독이라 할 만큼 일에 빠져 살지만, 그렇다고 직원들에게 무조건 일만 하라고 강요하지는 않는다. 직장과 가정생활의 적절한 균형이 삶의 질을 높이고 회사 경쟁력도 강화시킨다고 여기기 때문이다. 그래서 직원들의 야근을 금지하고, 저녁 시간은 가족과 함께 보내는 '패밀리 데이'도 만들었다.

그는 일이 생계를 위한 희생이 아니라 스스로 보람을 찾는 유희라고 생각한다. 이 또한 글로벌 스탠더드에 걸맞은 사고방식이다.

인간이 저지를 수 있는 가장 큰 실수는
실수를 저지를까 두려워하는 것이다
앨버트 허버드

베푸는 일은
적금을 붓는 것과 같다

가치 투자자로 유명한 존 템플턴이 추구했던 가치는 돈이 아니었다. 그는 사회에 이바지하고 이웃을 위해 사는 인생을 희망했다. 그리고 이를 위해 자신이 가진 투자의 재능을 더 많은 사람과 공유하고자 했다.

그가 미국 최초의 해외 투자 뮤추얼 펀드를 만든 것은 매번 투자에 실패하는 미국의 중산층들에게 보다 나은 생활을 보장해 주고 싶었기 때문이다.

세계 최고의 부자 자리를 놓고 1, 2위를 다투는 빌 게이츠와 워런 버핏도 그의 생각에 전적으로 동감한다. 그들은 자신이 일군 막대한 부를 사회에 환원함으로써 세상 사람들에게 희망의 빛을 보여 주고자 노력한다.

글로벌 시대에 접어들면서 부각된 사회 환원 정신은 우리 사회에서도 많은 관심을 불러일으키고 있다. 더불어 기부에 인색했던 사람들에게 긍정적인 영향을 미치고 있다.

이처럼 글로벌 사회에서 원하는 인재는 더불어 살아갈 줄 아는 사람이다. 그런 사람이야말로 사회를 건전하게 만드는 데 공헌할 수 있기 때문이다.

사회 환원을 얘기할 때 빼놓지 말아야 할 인물이 있다. 바로 생명보험 업계의 거목 푸르덴셜생명보험의 황우진 대표다. 그의 철학은 1000명을 먹여 살리려는 사람에게는 1000명분의 식량을 담을 수 있는 그릇이 생기고, 10명을 위해 일하는 사람은 10명분의 그릇만 얻는다는 것이다. 그의 이런 생각은 무엇이든 주변에 크게 베풀겠다는 마음을 지닌 사람은 장차 자신이 베푼만큼 꼭 거둘 수 있다는 진리에서 비롯되었다.

황 대표가 험난한 과정을 견디고 지금의 자리에까지 오를 수 있었던 것은 동료와 회사, 그리고 더 많은 사람을 위해 자신을 헌신하겠다는 각오가 있었기 때문이다. 이처럼 베푸는 것을 아까워하지 않는 태도는 마치 정기 적금을 붓는 것처럼 인생과 커리어의 든든한 기둥이 되기도 한다.

배려심과 소명 의식

사회 환원의 기본은 남을 배려하는 마음이다. 인간에 대한 애정이 없다면 그것은 자기만족에 지나지 않는다. 그런 면에서 황 대표는 남을 배려할 줄 아는 사람이다.

그가 브라질 지사에서 근무할 때의 일이다. 당시 브라질은 치안이 늘 불안한 상태였다. 그래서 황 대표는 밤늦게 퇴근을 하는 여직원이 있으면 그녀가 지하 주차장에서 차에 오르는 것을 확인한 후에야 퇴근했다. 부사장급 임원으로서 직원들의 안전까지 신경 쓴다는 것은 쉽지 않은 일이었지만 그는 체면보다는 부하 직원의 안전을 먼저 생각했다. 그런 마음이 통했는지 4년이 지난 지금도 브라질의 직원들이 편지와 선물을 보내온다고.

배려심과 더불어 갖추어야 할 것은 소명 의식이다. 사회 참여와 봉사를 통해 보다 나은 사회를 만드는 것을 사회 구성원의 본분으로 여기는 마음가짐을 가져야 한다는 말이다.

'세상을 따뜻하게 바꾸자.'

푸르덴셜생명보험의 모토를 보면 황 대표의 소명 의식이 그대로 드러난다. 그는 기업도 사회의 구성원이기 때문에 사회 환원에 앞장서야 한다고 역설한다.

그가 말하는 기업의 책임은 크게 두 가지로 요약된다. 하나는 사업을 잘해서 일자리를 창출하고, 직원들에게 복리 후생을 제공하며,

국가에 세금을 많이 냄으로써 국민들에게 많은 혜택이 돌아가게 하는 것이다. 또 하나는 기업이 보람 있는 일을 찾아 앞장서는 것이다.

이러한 소명 의식은 푸르덴셜생명보험의 직원들에게 널리 파급되고 있다. 2007년 체육 대회 때 2400명의 직원 중 714명이 골수 기증에 서약했던 일은 그들의 소명 의식을 잘 보여 주는 대목이다.

마음에서 우러나야 한다

기부를 하는 이들 중 상당수가 자신이 어릴 때 받았던 온정을 사회에 환원하고 싶어서 기부를 결심했다고 말한다. 모두 자기가 받은 만큼 다른 사람들에게 베풀면 얼마나 아름다운 세상이 되겠는가.

황 대표도 그런 경험을 했다. 가난한 시골 마을 출신인 그는 서울로 가서 고등학교를 다니고 싶었지만 그럴 만한 형편이 아니었다. 그래도 꿈을 포기할 수 없어 고등학교 1학년 때 학교를 자퇴하고 무작정 상경했다.

서울 변두리인 거여동 뒷골목에 터를 잡고 건설 현장 인부로 일하며 고등학교 입시를 준비했다. 그러나 끼니를 때우기도 막막한 형편이었으니 공부가 제대로 될 리 없었다.

힘든 나날을 보내던 어느 날, 그는 우연한 계기로 교회에 가게 되었다. 맨 뒷자리에 앉아 두리번거리고 있는데 예배가 시작되었다. 얼떨결에 예배에 참석하게 된 그는 꼼짝도 할 수가 없었다. 예배를

드리는 내내 그의 머릿속은 허름한 행색 때문에 좀도둑으로 오해받지 않을까 하는 걱정으로 가득했다.

그러나 예배가 끝난 후 사람들은 그를 반갑게 맞이해 주었다. 그때 그의 딱한 사정을 들은 집사님 한 분은 도움까지 주셨다. 그분 덕분에 독서실에서 마음 놓고 공부를 할 수 있었다. 고마운 사람들에게 보답하기 위해 그는 쓰러질 만큼 열심히 공부했다. 그리고 마침내 서울고등학교 입학시험에 합격했다.

늘 도움을 주신 분들에게 감사하는 마음을 품고 있던 황 대표는 대학 시절 전도 활동과 야학 활동에 대부분의 시간을 쏟아부었다. 그는 자신처럼 경제적으로 어려운 사람, 육체적 질병으로 고통받는 사람을 위해 살고 싶었다.

어려운 이웃들에게 힘이 되고 희망을 주는 삶보다 더 값진 인생은 없을 것 같았다. 고심 끝에 그는 대학을 졸업한 후 신학을 공부하여 목회자가 되기로 했다. 목회자야말로 남을 위해 봉사할 수 있는 가장 좋은 직업이라고 여겼기 때문이다.

그는 비록 바라던 대로 목회자가 되지는 못했지만 지금도 남을 위해 사는 삶을 꿈꾸고 있다. 푸르덴셜생명보험의 대표 이사가 된 후 그는 전임자의 뜻을 이어받아 기업 차원에서 다양한 사회 공헌 사업을 벌였다.

돈만 기부하는 형식적인 행사가 아니라, 전 직원이 한마음 한뜻으로 실천하는 봉사 활동이었다. 그런 가운데 중·고등 학생들을 위한 봉사 대회도 열고, 난치병 어린이의 꿈을 현실로 만들어 주는 '메이크 어 위시Make a Wish 재단'의 초대 이사장도 맡았다.

그는 직원들에게 봉사 활동에서의 CEO는 여러분 자신이라고 누누이 강조한다. 누구에게 대접받기 위해서 혹은 칭찬 듣기 위해서가 아니라, 마음에서 진정 우러나야 한다는 얘기다.

하나의 촛불로 여러 개의 초에 불을 옮겨 붙여도
그 촛불의 빛은 약해지지 않는다
《탈무드》

연공서열에 따라 승진을 하고 경력을 쌓던 시대는 저물어 가고 있다.
앞으로는 실력과 성과에 따라 모든 게 좌우될 것이다. 그런 시대에 남들에게
뒤지지 않기 위해서는 체계적인 계획을 세워야 한다.

Chapter FOUR

나의 잠재된 가능성을
1% 끌어올리는
마지막 관문

Your mid-20s' Life Restart

나 자신에 대한
냉정한 분석

이 시대가 필요로 하는 인재인 고래, 프로틴의 숙명은 끊임없이 변신해야 한다는 것이다. 지금까지 설명한 3C는 이 시대의 프로틴이라 할 만한 CEO들과의 인터뷰를 토대로 변신의 비법을 정리한 것이다. 그들의 비법을 살펴봄으로써 우리는 프로틴이 갖춰야 할 아이템이 무엇인지 짚어 볼 수 있었다.

이제부터는 프로틴으로 거듭나기 위한 간단한 액션 플랜을 세우고자 한다. 각 단계별로 미션이 주어지니 꼼꼼히 읽어 보고 완수하기 바란다. 여섯 가지의 미션을 모두 완수하면 프로틴의 세계로 통하는 문이 열릴 것이다.

우리에게는 보통 대학 입시나 고시 자격증 취득 등 중요한 시험이 끝난 후 많은 자유가 주어지고 시간 여유도 생긴다. 그러나 이럴 때 대부분은 무엇을 해야 할지 몰라 무의미하게 시간을 보내고 만다. 구체적인 목표 없이 시험 하나만 보고 달려온 결과이다.

인생에서 헛되이 보내도 좋을 시간은 없다. 우리는 초등학교 때부터 대입 시험을 준비해야 했고, 대학에 들어가서는 취직을 걱정해야 했다. 직장에서는 승진이나 성과 평가에 급급해한다. 그러다 보니 정작 자신의 내면을 들여다볼 여유는 갖지 못한 채 살아왔다. 하지만 진지하게 자신의 내면을 탐색하고 미래의 방향을 결정하는 시간을 갖는 것은 누구에게나 중요하다.

20대는 물론 고민도 걱정도 많지만 부양할 가족이 없다면 그 어느 때보다 홀가분한 시기이기도 하다. 이 시기에 자신에 관해 생각하고 어떻게 살 것인지 진지하게 고민하지 않는다면, 앞으로도 뚜렷한 목적 없이 남들을 흉내 내며 살아갈 수밖에 없다.

졸업을 앞두고서야 발등에 불이 떨어져 휴학을 하고, 영어 점수를 올리겠다며 학원가를 두리번거리게 된다. 그러다 적성에 맞지 않는 직장에 들어가 불평을 늘어놓으며 하루하루를 살아간다. 그렇게 살고 싶지 않다면 당장 자신을 탐색하는 시간을 가져야 한다. 이는 평소 이직을 고민하는 직장인들도 마찬가지다.

일단 자기 평가에 앞서 다음 항목을 체크해 보자.

- 어떤 일을 할 때 행복하고 보람을 느끼는가?

- 가장 잘할 수 있는 일은 무엇인가?

- 어느 분야가 적성에 맞는가?

- 어떤 일에 흥미를 느끼는가?

- 전공은 어느 분야와 연결이 가능한가?

- 강점은 무엇인가?

- 직업을 가지려는 이유는 무엇인가?

이런 과정을 거치면 자신의 적성과 커리어 목표의 윤곽이 드러날 것이다. 이를 더욱 구체적으로 알아보고 싶다면 표준화된 자기 진단 테스트의 도움을 받을 필요가 있다.

자기 진단 테스트

자기 진단 테스트에는 적성 검사, 흥미 검사, 직업 적성 검사, 기술 및 직업 가치관 검사, 성격 검사, 커리어에 관한 생각 및 커리어 성숙도 검사 등 다양한 방법이 있다.

이와 관련해 국내에서 자체 개발한 표준화 도구가 많이 있다. 예를 들어 워크넷 www.work.go.kr 에서는 청소년을 위한 흥미 진단, 직업 선호도 검사, 성격 유형 진단, 능력 검사, 보유 기술 검사, 직업 가치관 진단, 구직 효율성 진단, 창업 진단, 직업 전환 검사, 구직 욕구 진단 등이 가능하다. 또 커리어넷www.careernet.re.kr에서는 직업 흥미 진단, 주요 능력 효능감 검사, 직업 적성 검사, 직업 가치관 진단, 진로 개발 준비도 검사, 직업 성숙도 진단 등을 할 수 있다.

우선 워크넷에 들어가 보자. 이곳에서는 무료로 여러 가지의 심리 검사 및 직업 선호도 검사를 할 수 있다. 흥미와 성격에 따라 직업 유형을 분석한 결과가 여섯 가지 스타일로 분류되어 나오는데, 이는 미국의 심리학자 홀랜드의 성격 유형 이론에 기반을 둔 것이다. 물론 이를 맹신할 수는 없으니 미처 깨닫지 못했던 적성을 파악해 본다는 데 의의를 두자.

홀랜드의 '흥미와 성격에 따른 여섯 가지 유형'

1. 현실형Realistic

솔직하고 성실하지만 말수가 적고 사고 능력이 부족하여 대인 관계에 약점을 보인다. 질서 정연하고 체계적인 조작을 주로 하는 기술은 좋아하나, 교육적·치료적 활동은 꺼린다. 이 유형의 사람들은 현장에서 직접 신체적으로 하는 활동, 기계를 조립하는 일, 공구를 다루는 일 등 기술자나 운동선수를 선호한다.

2. 탐구형Investigate

호기심이 많고 비판적이며 내성적이어서 수줍음을 많이 탄다. 물리학적·생물학적·문화적 탐구 데이터나 정보를 산출하는 측정 도구에 많은 관심을 가지며 반복적인 활동에는 금방 싫증을 낸다. 학구적 자부심은 충만하지만 지도력과 설득력이 떨어진다. 과학자나 인류학자, 의사 등을 선호한다.

3. 예술형 Artistic

상상력이 풍부하고 개성이 강하나 협동심이 약하다. 변화와 다양성에는 흥미를 느끼지만 체계적이고 도식적인 활동은 싫어한다. 미술이나 음악 능력은 뛰어난 반면, 사무 기술은 현격히 떨어진다. 작곡가, 소설가, 화가, 디자이너 등을 선호한다.

4. 사회형 Social

사람들과 어울리기를 좋아하며 이상주의자다. 타인의 이야기를 듣고 이해하는 데는 흥미를 느끼지만 체계적인 활동은 싫어한다. 지도력과 대인 관계 능력은 뛰어난 반면, 기계적이고 체계적인 부분은 약하다. 사회 복지가, 상담가, 교사 등을 선호한다.

5. 진취형 Enterprising

통솔력이 있고, 외향적이며 낙관적이다. 조직의 목표나 경제적 이익을 위해 다른 사람들을 선도하여 인정받는 것을 좋아한다. 적극적이고 사회적이며 언어 능력이 뛰어나지만, 과학적·기술적 능력은 약하다. 기업 경영인, 정치가, 연출가 등을 선호한다.

6. 관습형 Conventional

정확하고 빈틈이 없으며 조심성이 있고 매우 세밀하다. 정해진 원칙에 따라 조직하고 정리하는 것을 좋아하나 창의적이고 자율적인 활동에서는 혼란스러움을 느낀다. 사무적인 일에서의 정확성은 뛰어나지만 독창성이 떨어진다. 공인 회계사나 은행원, 사서 등을 선호한다.

우리는 이 검사를 통해 자신의 흥미나 관심 외에 성격, 생활 패턴까지도 알아볼 수 있다. 자기가 어떤 분야에 흥미가 있는지를 알았다면 이제 본격적인 자기 진단에 들어가 보자.

✔Checklist 1 자기 탐색

1. 어린 시절을 포함하여 그동안 살아오면서 성취감을 맛본 경험을 열 가지 이상 적어 본다. 크고 작은 봉사 활동, 학교에서의 동아리 활동이나 간부 활동, 각종 수상 경험, 조직에 기여하여 승진 혹은 포상을 받았던 일, 성공적인 경험 등 사소하고 개인적인 것이라도 성취감과 보람을 맛본 일이라면 모두 적어 보자.

2. 위에 적은 업적들을 본인이 생각하는 중요도에 따라 순서대로
다시 적어 본다.

3. 순서대로 적은 업적 옆에 성공적인 업적을 만들게 된 동기를
적는다.

4. 본인이 중요하게 여기는 가치를 적는다.

5. 그것이 본인의 진로 선택에 어떤 영향을 줄지 정리해 본다.

6. 앞에 쓴 가치를 중요도에 따라 순서대로 다시 적는다.

✓Checklist 2 스펙 체크

1. 그동안 받은 교육 과정에 대해 적는다.

교육 기관	학위	전공	연구 논문	연구 주제나 특이 사항
대학교				
고등학교				
전문 교육 기관				

2. 그동안 받은 자격증, 인증서, 라이선스, 포상 등을 적는다.

전문 기관명	자격증 또는 인증서	일시	핵심 지식

3. 위의 내용을 종합하여 본인의 주요 지식을 다섯 가지로 정리한다.

주요 지식 내용	교육 기관	핵심 교육 내용

✓Checklist 3 흥미를 끄는 직업군 파악하기

흥미는 직업을 선택할 때 가장 먼저 파악하고 고려해야 하는 것이다. 사람은 누구나 자기가 좋아하는 일을 할 때 열정과 에너지가 넘쳐 하고 싶은 의욕이 생기기 때문이다. 직업에 대한 흥미는 직업의 선택, 직업의 유지, 직업에서의 만족감, 직업에서의 성공 등과 밀접한 관련이 있다.

1. 적성 검사 또는 흥미 검사를 통해 나온 결과를 적어 본다. 검사를 하지 않은 경우에는 평소 본인이 관심과 흥미를 가지고 있던 분야를 적는다.

2. 본인이 흥미를 느끼는 산업과 직업군을 적는다.

✓ Checklist 4 성격의 장단점 파악하기

1. 자기 성격의 장점을 열 가지 이상 적어 본다.

2. 성격상 보완해야 할 점을 적는다.

✓ Checklist 5 종합적 체크리스트 작성하기

앞의 작업을 수행하며 정리된 내용으로 새 리스트를 작성한다.

1 나의 주요 지식 분야는 무엇인가? 전공과 교육 내용을 모두 적는다.

1

2

교육 기관	교육명	일시	핵심 지식

2 나의 기술은 무엇인가?

1

2

3

3 내가 가장 보람을 느꼈을 때는 언제인가?(가치관)

1

2

3

4 나의 강점은 무엇인가?

1

2

3

1
2
3

1
2
3

1
2
3

진로 선택을 제대로 하지 못하거나 취업한 이후에도 쉽게 이직을 하는 경우는 대부분 스스로에 대한 충분한 탐색, 직업에 대한 풍부한 지식 및 정보 취합, 타인의 조언에 귀 기울이기 등의 과정을 거치지 않았기 때문이다.

체크리스트를 작성하면 자신의 적성, 흥미, 가치관, 경험 등을 새롭게 깨달을 수 있다. 또 스스로에 대해 충분히 생각한 다음 직업을 선택할 수 있어 많은 도움이 된다. 평소 자신이 무엇을 원하고 있었

는지, 또 무엇을 잘할 수 있는지를 모르고 있었다면 앞의 작업이 꽤
의미 있었으리라 생각한다.

치밀한
정보 수집

본인의 적성에 맞는 분야와 직업을 찾았다면 이제 그 분야에 대한 정보, 즉 발전 가능성, 관련 기업들의 동향, 지원을 위해 준비할 것들, 교육 훈련 프로그램 등을 면밀히 파악해야 한다. 이를 위해 다섯 가지 원칙을 제시한다. 이 원칙들을 가슴에 새긴다면 구직과 이직 활동에 많은 도움이 될 것이다.

선배들의 도움을 받아라

혼자서 돌파구를 찾기는 어렵다. 주변에서 잘 찾아보면 의외로 도움받을 만한 사람이 꽤 있다. 그 분야와 관련된 일에 종사한다면 선배, 가족, 인척 등 누구라도 좋다. 그들을 찾아가 구체적인 입사 경험 담을 들어 보라. 면접 방식이나 회사에서 요구하는 인재상을 미리 알아 두면 한결 수월하게 준비할 수 있다.

동아리나 모임 적극 활용하기

요즘 취업 준비생들 가운데 취업 동아리를 통해 다양한 만남과 기회를 얻는 학생이 늘고 있다. 졸업한 선배를 강사로 초빙해 직업 세계에 대한 이야기를 듣거나 해당 회사의 구인 정보를 얻는 것이다. 이직을 고민하는 직장인들에게도 마찬가지다. 관심이 있는 회사에 근무하는 사람을 통해 충분한 정보를 얻을 수 있다. 본인이 관심 있는 분야는 이처럼 선배들을 통해 그 분야의 비전과 현재의 시장 상황 등을 파악해 두는 게 좋다.

지속적으로 사회 흐름 파악하기

신문이나 전문지, 관련 도서 등을 통해 관심이 가는 분야의 새로운 기술, 업계 동향, 주요 인물에 대한 정보를 지속적으로 접해야 한다. 스크랩을 해 두거나 읽은 책에 색인 표시를 달아 놓으면 나중에 유용하게 쓸 수 있다. 포털 사이트의 뉴스를 개인 블로그에 옮겨 두는 것도 좋은 방법이다. 현재 이슈가 되고 있는 영화나 도서도 다양하게 접해 두면 좋다.

다양한 인턴십 경험하기

인턴십은 사회에 나가기 전에 미리 사회 경험을 해 볼 수 있고, 그 일에 대한 본인의 흥미 여부도 다시 확인해 볼 수 있는 기회다. 인턴사원에게는 일에 임하는 자세가 가장 중요한 평가 기준이 되기도 한다.

실무와 관련된 지식 및 기술 습득하기

목표가 정해졌다면 이제는 그 직업이 필요로 하는 지식이나 기술을 습득하는 단계로 들어가야 한다. 영어 실력 향상, 전문 지식 습득, 자격증 취득 준비, 훈련 등 계획을 치밀하게 세우고 몰입해야 한다.

로마에서는
로마법 따르기

직무란 쉽게 말해 회사에서 책임을 지고 맡은 일을 뜻한다. 자신의 직무를 잘 수행한다는 것은 그만큼 회사에서 인정받을 수 있는 능력이 있다는 뜻이다. 로마에서는 로마법을 따르듯이 자신이 일하는 회사에서 원하는 직무를 수행할 줄 알아야 한다.

조직은 직무를 위해 필요한 역량을 규정하고 있으며, 그것이 곧 채용 기준이 된다. 즉 신입 사원은 기본적인 인성, 태도, 외국어 및 전공 등이 주요 선발 기준이며, 경력 사원은 직무를 위해 필요한 역량과 관련 경험이 중요한 기준이 된다. 지금부터 다음 내용을 통해 각 직무별로 필요한 역량과 개인적으로 키워야 하는 역량에 대해 알아보자.

각 직무별 필요 역량

경영 전략 및 기획

- 직무 미션

내부와 외부의 경영 환경 분석 및 조사에 따른 기업의 비전과 경영 전략을 수립한다.

- 직무 내용

조직 내의 업무가 전략적 방향에 맞도록 계획을 수립하며, 그에 관한 점검 및 지원을 한다. 또한 비전과 전략에 따른 경영 성과를 극대화하고, 이를 측정할 수 있는 전사 연간 사업 계획 수립, 전사 경비 계획 수립 및 운영 관리, 심사 분석, 조직 평가 등 지표를 만든다.

- 관련 전공

경영학, 법학, 경제학 또는 공학(관련 산업과 연계된 전공).

- 필요 역량

분석력, 전략적 사고력, 대인 관계 능력, 의사소통력, 정보 수집 및 활용력, 협상력.

마케팅

- 직무 미션

환경(시장, 정책 및 고객) 분석 및 조사에 따른 마케팅의 목표를 설정하고, 시장 세분화, 목표에 따른 유통 경로 및 타깃 시장 등 세부 추진 전략을 수립한다.

• 직무 내용

시장 및 소비자, 경쟁사의 마케팅 전략 등을 분석하고, 이에 따르는 기획 및 시행 모니터링을 실시한다. 또한 상품 기획과 브랜드 매니지먼트(업종에 따라 다름), 그리고 광고 및 커뮤니케이션 전략, 매체 운영 계획 등을 수립한다.

• 관련 전공

경영학, 어학 관련 학, 통계학(소비자 분석, 데이터베이스 마케팅의 경우).

• 필요 역량

분석력, 창의력, 전략적 사고력, 의사소통력, 정보 수집 및 활용력.

영업 및 영업 관리

• 직무 미션

제품과 서비스를 통해 영업을 하고, 이를 관리한다.

• 직무 내용

고객과의 접점에서 기업의 수익 창출에 직접 기여한다. 기업의 매출 목표와 영업 계획을 수립하고, 영업 활동 및 실적 관리, 고객 관리, 유통 시장 관리 및 시장 개척 활동을 실시한다.

• 관련 전공

경영학, 마케팅, 어학 관련 학과, 공학.

• 필요 역량

대인 관계 능력, 협상력 및 의사소통력, 고객 지향 능력, 추진력,
창의력.

회사 생활에 꼭 필요한 개인 역량 아홉 가지

• 전략적 사고력

환경 분석에 따른 내부의 전략을 수립한다.

• 대인 관계 능력

원만한 인간관계를 형성하고, 상대방의 협조를 이끌어 낸다.

• 협상력 및 설득력

타인의 의견을 경청함으로써 상대방의 니즈와 동기를 확인하고 설
득하여 상호 유익한 결과를 이끌어 낸다.

• 의사소통력

상대방의 말을 경청하여 정확히 이해하고, 자신의 의사를 명확히
전달한다.

• 추진력

도전적으로 미래의 목표를 설정하고, 이를 열정적으로 실행하며,
실패에 따른 위기를 감수한다.

• 고객 지향 능력

고객의 관점에서 생각하고 욕구를 파악하여, 이를 충족시키는 데

초점을 둔다.

• 창의력

사고가 유연하며, 새로운 아이디어를 제시한다.

• 분석력

상황을 세분화하여 이해하고, 함축하고 있는 의미를 단계적이고
체계적으로 이해한다.

• 정보 수집 및 활용력

새로운 정보를 수집하고 기존 정보를 가공하여 잘 활용한다.

문서 작성은
최대한 매력적으로

　본격적인 취업 시즌이 되면 각 기업에서는 회사의 사업 목표를 달성해 줄 인재를 찾는다. 기업들은 직무에 가장 적합한 인재를 채용하기 위해 다양한 방법을 동원해 최선을 다한다. 그래야만 이직자를 최소화하고, 무엇보다 만족도 높은 상태에서 일할 때 직무에 대한 열정을 이끌어 낼 수 있기 때문이다.

　따라서 지원자는 우선 자신이 지원하는 직무에 대하여 최대한의 정보를 얻고, 그 기업이 원하는 인재상에 충족될 수 있도록 다음과 같은 단계를 거쳐야 한다.

　첫째, 자신이 원하는 직무의 특성을 파악한다.

둘째, 직무 수행에 필요한 역량을 파악한다.

셋째, 역량과 경험을 바탕으로 이력서와 자기소개서를 쓰고 면접을 준비한다.

예를 들어 마케팅 분야에 관심이 있다면, 먼저 그 업무에 대한 특성을 파악해야 한다. 마케팅은 새로운 시장 또는 경쟁 환경에서의 전략 수립, 시장 조사 및 분석, 신상품 기획, 상품과 관련된 마케팅 활동, 영업 부서와의 지속적인 협업 및 지원으로 인한 성과 관리, 브랜드 매니지먼트, 광고 및 판촉, 홍보 활동 등 다양한 업무를 포함한다. 이를 제대로 해내기 위해서는 분석력, 창의력, 전략적 사고력, 대인 관계 능력, 정보 수집 및 활용력 등이 필요하다.

분석이 끝났다면 마케팅 업무에서 요구하는 역량들을 부각시키는 쪽으로 이력서와 자기소개서를 쓰고, 면접을 준비한다.

면접에 앞서 다음 사항들을 반드시 파악해 두자.

• 회사의 경영 이념 및 비전

• 회사의 사업 방향

• 회사의 투자, 매출, 이익

• 회사의 주력 산업 위치와 경쟁사

• 회사의 주요 상품

• 회사의 국내외 포지션

- 회사의 모집 분야 및 인재상

- 회사와 관련된 사회적 · 환경적 이슈

- 최근 광고하는 제품과 관련된 기사

물론 이런 내용을 파악했다고 해서 면접 준비가 모두 끝난 것은 아니다. 환경의 변화에 따라 기업의 전략과 주요 목표는 바뀌게 마련이다. 그러므로 면접을 준비하는 사람이라면 최근 경제 환경의 변화를 파악해 두어야 한다. 이를 위해서는 평소에 신문이나 경제지, 전문지 등을 빠짐없이 찾아볼 필요가 있다.

예전에 어느 엔터테인먼트 회사 면접에서 자본통합법이 본사의 전략에 미치는 영향이 무엇인지 묻는 질문이 있었다. 지원자들은 예상치 못한 질문에 당황하여 제대로 대답을 못했다고 한다. 그런 경우를 당하고 싶지 않다면 준비를 철저히 해야 할 것이다.

구직자의 분신, 입사 지원서 쓰기

입사 지원서는 구직자의 분신과 같은 존재다. 구직자의 생애와 관심 분야, 역량 등이 고스란히 드러나기 때문이다. 지원서의 양식은 회사마다 조금씩 다르다. 이런 차이에 내포된 의미를 이해한다면 회사에서 원하는 인재상도 파악할 수 있다.

일단 정규 교육 과정 이수, 자격증, 어학 능력은 모든 회사에서 공통적으로 요구한다. 그러므로 이는 반드시 기재해야 한다. 하지만 지원 분야와 무관한 자격증 같은 것은 굳이 기재할 필요가 없다. 자칫 면접관이 부정적 결정을 내리는 빌미가 될 수도 있기 때문이다.

수상 내용, 경력 사항에 대한 기재는 꼼꼼히 해야 한다. 학창 시절의 다양한 수상 경력은 서류 전형에서 커다란 플러스 요인 중 하나다. 경력 사항에는 인턴십을 포함해 자신의 고유 직무를 1개월 이상 수행한 경우라면 모두 기재할 수 있다.

서류 전형에서는 자기소개서도 큰 비중을 차지한다. 일반적으로 성장 과정과 장래 계획 및 포부 등을 쓰도록 하는데, 적합한 내용을 성의 있게 작성해야 한다.

입사 지원서 작성시 주의 사항

- 전공, 교과 이수 내용, 학점, 어학 점수 등을 사실대로 작성한다.
- 추상적인 표현이나 지나친 수식어는 피한다.
- 희망 직무 · 부서 · 지역 등은 지원한 회사의 정보를 충분히 숙지한 다음 적는다.
- 자기소개서를 쓸 때는 본인의 역량을 먼저 파악한 후 지원하는 회사에서 요구하는 직무와 관련된 역량 위주로 작성한다.
- 자기소개서에 지원 동기가 분명하게 나타나 있어야 한다.
- 동아리, 인턴, 아르바이트 등을 통하여 얻은 경험이 지원하는 회

사의 직무와 연관성이 있다면 상세히 적는다.

- 특기는 다른 사람과 차별화할 수 있는 사항을 적는다.

- 장래 계획은 회사와 공유하는 본인의 비전을 쓰면 된다. 구체적인 목표와 실행 계획이 있으면 빼놓지 말고 쓴다.

자기소개서 참고 사례

Q　귀하가 어떤 면에서 다른 지원자보다 나은 경쟁력을 갖게 될 것인지에 대해 기술하여 주십시오.

A　교환 학생 시절 마케팅 수업을 들으면서 귀사가 속해 있는 산업의 분석, 경쟁자 분석, 제품 포트폴리오 구성, 마케팅 활동의 시장 분석 및 제품 포지셔닝에 관한 프로젝트를 성공적으로 경험한 적이 있습니다. 또 인턴을 하면서, 시장 분석 방법, 데이터베이스 매니지먼트에 따른 타깃 고객의 분석, 신규 고객 창출을 위한 서비스 상품 개발에 참여한 적이 있습니다. 팀원들과 함께 리서치 작업을 하면서 고객과의 의사소통 방법과 그들의 니즈를 찾아내 극대화하는 방법도 체득했습니다.

이러한 이론적 지식과 현장 경험들이 ○○회사의 상품 기획 업무에 적합하다고 생각되어 지원했습니다. ○○회사의 상품을 찾는 고객들에게 최적의 상품을 개발하여 이 분야의 최고 전문가가 될 것이라고 확신합니다.

> **Comment**
> 지원 분야에 대한 본인의 지식과 경험을 적절하게 조합해서 작성했다. 그러나 다른 지원자들과 차별화되는 본인의 지식과 경험을 충분히 소개하고, 이것들이 지원 분야에 어떻게 기여할 수 있는가를 분명히 밝히는 편이 좋겠다.

Q 지금까지 살아오면서 가장 힘들었던 일은 무엇이며, 그 경험이 자신의 인생에 어떠한 영향을 끼쳤는지에 대해 기술하여 주십시오.

A 기업의 인턴십 프로그램에 지원했다 거부당한 것이 가장 힘든 경험이었습니다. 교환 학생 경험을 믿고, 외국계 기업에서는 외국에 대한 경험과 외국어 능력을 중요시할 거라고 생각하여 원서를 넣었는데 보기 좋게 거부를 당했습니다. 전공을 등한시한 것이 원인이었습니다. 그때의 경험을 통해 스스로를 객관적으로 보게 되었고, 자신을 한 단계 발전시키고자 노력하게 되었습니다.

> **Comment**
> 힘들었던 경험만 있을 뿐 그것을 어떻게 극복했는지가 나와 있지 않다. 이런 질문에 대한 답변을 쓸 때는 언제, 어떤 일로, 그리고 왜 그것이 힘이 들었는지 구체적으로 기술해야 한다. 어려움을 극복하는 과정은 어떠했는지, 그 과정에서 얻은 교훈은 무엇이었는지, 그 교훈이 앞으로 어떻게 도움이 될지 등을 분명히 밝혀야 한다.

Q 10년 후 귀하는 어떤 사람으로 평가받고 싶은지 기술하여 주십시오.

A 상사와 동료, 그리고 부하 직원들이 인정하는 '○○회사의 간부'로 평가받고 싶습니다. 그때는 회사의 허리 역할을 하는 중간 리더로서 회사의 성과 달성을 위해 열심히 뛰고 있을 거라고 생각됩니다. 대외적인 네트워크를 형성하는 것도 중요하다고 생각합니다. 또한 가장으로서의 책임도 다할 것입니다. 이 세 가지 부분에서 늘 최선을 다하는 사람으로 평가받고 싶습니다.

> **Comment**
> 답변이 구체적이지 못하며, 전문성도 떨어진다. 10년 뒤에 중간 리더라면 중간 리더로서 해야 할 일을 좀 더 구체화시켜 답변해야 한다. 그 분야의 전문가가 되기 위해 본인이 익혀야 할 지식 및 기술 향상 등에 대한 계획을 말하는 것이 좋다. 또한 조직에서 축적된 경험을 바탕으로, 대외적인 네트워크 형성의 장이 되는 모임에 적극적으로 참석해 전문적인 식견을 넓히고, 정보 교환을 통해 본인의 업무에 시너지 효과를 일으켜 회사의 업무에 도움이 된다는 점을 언급하는 게 좋다. 가장으로서의 책임을 다하는 것은 지극히 상식적인 일이므로 굳이 쓸 필요가 없다.

Q 성장 과정 및 성격, 생활신조를 간략하게 기술하시오.

A 저는 3남 1녀의 장남으로 태어났고, 어려서부터 부모님에게 한번 시작한 일은 끝까지 하라는 가르침을 받았습니다. 그래서 모든 일을 집중하여 끝까지 하는 열정을 가지고 있고, 적극적으로 일하는 것이 저의 장점입니다. 아르바이트를 했을 때도 이런 점을 인정받아 일당을 다른 사람들에 비해 빨리 인상받은 경험이 있습니다.

제 성격의 약점은 열심히 하려다 보니 조금 급하다는 것입니다. 적극적인 성격이 강점인 동시에 약점이기도 해서 급하게 하다 보니 때로는 일을 좀 빠뜨리고 할 때도 있습니다. 이러한 약점은 체크하면서 고쳐 나가는 중입니다.

제 생활신조는 '최선을 다하자'입니다. 가정 형편이 여의치 못해 학교 외의 교육은 받지 못했습니다. 학교 수업에 좀 더 충실할 수 있도록 예습과 복습을 하다 보니 좋은 결과가 나와 대학에 진학할 수 있었습니다.

Comment

성격의 장단점에 대해서만 언급하고 있다. 성격의 장점 중 어느 부분이 업무 수행에 도움이 될 수 있으며, 단점은 어떻게 보완하여 장점으로 살리겠다는 등 업무와의 연관성을 충분히 부각시켜서 본인의 성격이 그 업무에 적합하다는 점을 확실히 인식시켜야 한다. 성격의 단점을 말할 때는 충분히 보완하여 장점으로 전환할 수 있다는 인상을 심어 주어야 한다. 성장 과정과 성격, 생활신조는 서로 연관되어 있다는 것을 명심하자.

Q 400자 내외로 자기소개를 하시오.

A 수업 중에 팀 프로젝트를 진행하면서 중요한 점을 배웠습니다. 바로 팀워크입니다. 졸업 시험, 어학 공부, 취업 준비를 동시에 하다 보니 리포트를 만드는 과정에서 팀원들 사이에 갈등이 있었습니다. 시간 부족으로 팀원들과 의사소통이 잘 이루어지지 않았고, 그로 인해 리포트의 질이 많이 떨어졌습니다. 이에 팀원들과 지속적인 대화를 꾀해 갈등을 해소하고 완성도 있는 작품을 제작하도록 앞장섰습니다. 팀워크야말로 1+1이 2가 아닌 3 이상의 시너지를 낼 수 있다는 것을 배웠습니다. 항상 팀원과의 대화를 통하여 협력을 중요시하고, 배우는 자세로 ○○전자의 미래를 이끌어 갈 주인공이 되겠습니다.

> **Comment**
> 자기소개는 성장 과정, 교육 과정, 성격과 가치관 등을 종합적으로 서술해야 한다. 400자라는 한정된 지면에 작성해야 하기에 핵심적인 내용만 써야 한다. 그런데 이 지원자는 자기소개가 아니라 수업 중의 팀 프로젝트를 통해 알게 된 팀워크의 중요성에 대해서만 언급하고 있다. 팀 내의 의사소통을 원활하게 하는 데 앞장섰다고 언급한 것은 좋으나, 이것이 대부분을 차지해서는 안 된다.

Q 자신이 지원한 직무 수행과 관련하여 본인의 강점을 200자 내외로 작성하시오.

A 업무에 대한 새로운 도전을 주저하지 않습니다. 업무 관련 지식의 습득을 위해 교육도 적극적으로 받으며, 외부의 네트워크를 통하여 관련 업무의 정보를 얻으려고 많이 노력합니다. 지식과 네트워크와의 적절한 조화로 제가 맡은 분야에서 최선을 다할 수 있습니다.

Q 지원 동기 및 포부에 대해 500자 내외로 작성하시오.

A 우선 ○○전자에 지원하게 된 동기는 세계 최고 품질의 제품을 만들고 고객 중심의 경영을 실현하는 귀사의 기업 이미지에 제가 적합한 인재이기 때문입니다. 그리고 기술직을 희망 직무로 택한 이유는 중소기업 아르바이트를 통해 깨달은 바가 있어서입니다.

얼마 전 방학을 이용해 충남 천안에 위치한 ○○라는 중소기업에서 아르바이트를 한 적 있습니다. PCB기판을 테이핑 하는 기초적인 작업부터 불량 세척, 패키지, 운송에 이르기까지 생산 라인의 기본적인 업무를 수행했습니다. 일을 하면서 어려움에 부딪힐 때마다 도전 정신을 발휘하여 헤쳐 나갔고, 이는 문제 해결 능력을 향상시키는 밑거름이 되었습니다. 이를 실무에 적용한다면 업무에 빠르게 적응할 수 있는 기반이 될 것입니다.

귀사와 함께할 기회가 주어진다면, 제가 지금까지 키워 온 역량을 최대한 활용하여 기업의 발전에 기여하겠습니다. 더 나아가 개인의 발전은 곧 조직의 발전이라는 생각을 가지고 끊임없이 자기 개발에 힘쓰고, 언제나 긍정적이고 도전적인 자세로 10년, 20년 뒤에도 기업의 발전과 가치의 향상을 생각하는 사람이 되겠습니다.

Q 자기소개를 하시오.

A 대학 재학 중 학생 홍보 대사와 봉사 활동을 했고, ○○기업의 서비스 아카데미를 통해 고객 응대 방법을 배운 적이 있다. 그리고 과 대표 활동과 함께 학교 지리연구소에서 논문 검색 아르바이트를 해 본 경험이 있다. 이런 경험을 통해 내가 사람들에게 서비스하는 일에서 흥미와 성취감을 갖는다는 사실을 깨달았다. 승무원이라는 직업을 목표로 삼은 것은 그런 계기가 있었기 때문이다.

즐겁게 일하다 보면 자연히 타인에 대한 배려심이 싹트고 나 자신도 발전할 수 있다고 생각한다. 승무원이 되기 위한 교육을 받으면서 더욱 구체적인 목표를 세우게 됐다. 취항지 상주 직원이 되는 것이다. 각국의 다양한 문화를 공부하고, 이를 내 전공인 지리학과 접목해 취항지에서 탑승하는 승객들에게 상세하고 친절한 서비스를 해 주고 싶다. 그리고 나아가 각 분야 전문가들의 글만 실리는 항공사의 기내지에 승무원 대표로 글을 쓰고 싶다. 그 글은 취항지들을 더욱 빛나게 할 것이다.

또 회사에서 승무원에게 주는 자격(방송 자격, 영어 자격)을 획득하여 서른 살 즈음에는 사내 강사로 신입 승무원 훈련에 동참하고 싶다. 내가 바라는 10년 후의 모습은 대학원을 나와 대학에서 강의를 하는 것이다. 그것은 서비스와 관련된 일일 수도 있고, 타 문화를 가르치는 일일 수도 있다.

> **Comment**
>
> 항공사 승무원이라는 구체적인 목표를 세우고 열심히 준비했다는 점을 잘 드러내고 있다. 그러나 승무원이 된 이후에 대학에서 강의를 하겠다는 대목은 지원하는 직무와 관련성도 없고, 그다지 좋은 인상을 남기지 못할 것이다. 기업에서 신입 사원을 채용하는 것은 교육을 시키고 경험을 쌓게 해 조직에 이바지하도록 만들기 위함이다. 그런데 투자하여 일할 만한 상황이 되었을 때 대학 강의와 같이 다른 커리어를 선택하겠다고 하니, 굳이 채용해야 할 이유가 없다. 경험을 통해 좀 더 실력을 쌓아 회사 발전에 이바지하겠다는 식으로 쓰는 것이 좋다.

면접장에서는 어떻게 행동해야 할까?

인재 채용 시장에서 면접은 매우 중요한 변수로 작용한다. 최근 들어 학력이나 자격증, 토익이나 토플 점수 등이 변별력을 잃은 탓도 있지만, 면접을 효과적으로 활용하면 말하는 요령, 지식의 깊이, 성격, 목표, 문제 해결 능력 등 지원자의 역량을 보다 정확하게 파악할 수 있기 때문이다.

면접을 준비할 때는 지원한 회사에 대해 충분히 공부해야 한다. 면접장에 가 보면 그 회사의 사업 내용을 잘 모르거나 지원 동기가 불분명한 지원자들이 종종 있다. 단언컨대 이러한 사람들이 면접에서 좋은 평가를 얻기는 어렵다.

지원한 회사와 직무에 관련된 정보 수집은 많으면 많을수록 좋다. 홈페이지에 나와 있는 회사의 비전이나 장기 전략, 사업 내용, 인재상 등에 관한 숙지는 기본이다. 그 기업에 관련된 최근 소식도 빠짐없이 스크랩하고 회사의 발전 방향에 대한 자신만의 아이디어도 준비하도록 한다. 관련 기업에 근무하는 선배나 그 밖의 네트워크를 활용해서 내부의 관심 사항이나 추진 사업에 대해 파악해 두면 더할 나위 없다.

예상 질문을 뽑아 미리 답변 준비를 하는 것도 좋다. 가족이나 친구들 앞에서 면접 리허설을 해 보면 많은 도움이 된다. 리허설을 하고 나서는 솔직한 평을 들어 본다. 혼자 답을 하면서 녹음을 해 두었다 들어 보는 것도 하나의 방법이다.

기업에서 신입 사원을 선발할 때는 적성 검사나 입사 지원서를 통해 기초 능력을 점검하고, 인성 검사, 면접, 흥미 검사 등을 거쳐 성격, 가치, 태도, 흥미 등을 파악한다. 경력 사원의 경우는 업무 수행 역량과 성과에 포커스를 맞춘다.

한 조사에 따르면, 신입 사원에게 긍정적인 인성은 성취 지향성, 성실성, 리더십, 적극성, 책임감 등이고, 부정적 인성은 분노, 적대감, 반사회성, 이기주의, 냉소 그리고 실천력의 결여라고 한다.

면접을 볼 때는 지원한 직무가 필요로 하는 역량이 무엇이며, 나의 어떠한 부분이 그에 적합한지를 명료하게 말할 수 있어야 한다. 면접관은 한꺼번에 수많은 지원자를 상대한다. 그렇기 때문에 그 자리에서 깊은 인상을 남기지 못하면 합격은 꿈도 꿀 수 없다.

마지막으로 당부하고 싶은 말은 결코 두려워하지 말라는 것이다. 누가 뭐라 해도 면접장의 주인공은 당신이다.

적응력이
곧 생존력!

대부분의 신입 사원들은 조직에 적응하는 일을 매우 버거워한다. 자신의 적성에 안 맞는 것 같기도 하고, 조직원들과 원만한 관계를 유지하기도 어렵다. 그래서 의기소침해 있다 보면 자신만 소외당하는 것 같아서 서러운 마음도 든다. 그렇게 되면 누구나 한 번쯤 이직을 생각하게 된다. 그럴 때는 무턱대고 사표를 던질 게 아니라 처한 상황을 냉정하게 짚어 보아야 한다.

먼저 마음의 문을 열어라

조직이란 모름지기 각자의 문화를 가지고 있다. 신입 사원은 그 문화를 긍정적으로 받아들이고 적응하려는 노력을 기울여야 한다. 그런 노력도 없이 무조건 자신에게 맞지 않는다고 불평만 늘어놓는 사람은 어떤 조직으로 옮겨도 적응하지 못할 것이다.

조직에 빨리 적응하고 싶다면 회사 내에서 멘토가 될 수 있는 사람을 찾도록 하라. 그의 경험담을 듣고 조직에서의 처세술을 배운다면 보다 쉽게 적응할 수 있을 것이다. 내가 먼저 마음의 문을 열어야만 조직도 나를 받아들인다는 점을 명심하자.

최소한의 예의와 눈치는 필수

포털 업체 인크루트에서 기업 인사 담당자 234명을 대상으로 '사내에서 마음에 드는 신입 사원이 있는가'라는 설문 조사를 실시했는데, 설문 대상자의 79.5%가 '그렇다'고 답했다. 그 이유로는 '밝고 긍정적인 사고방식'(51.6%)을 가장 많이 꼽았다. '꼼꼼하고 성실한 업무 태도'(38.7%), '업무에 관한 풍부한 지식과 경험'(4.8%), '돈독한 사내 인간관계'(3.2%) 등이 뒤를 이었다.

당장 할 일이 없을 때 바람직한 태도로는 '무엇부터 해야 하는지 상사에게 직접 물어본다'(39.7%)라는 응답이 가장 많았고, '회사나 업무에 관련된 자료들을 검색하며 할 일을 찾는다'(38.5%)라는 응답이 뒤를 이었다. 할 일이 없을 때 멍하니 앉아 시간을 때울 것이 아니라, 스스로 할 일을 찾아 하는 신입 사원이 상사의 마음에 들기 쉽다는 얘기다.

상사보다 먼저 퇴근하고 싶을 때는 '시키실 일이 있는지를 물으며 퇴근 시간임을 넌지시 알린다'(69.2%)가 가장 바람직한 행동으로 평가받았다. 본인 업무가 모두 마무리되었더라도 혹시 상사를 도울 일은 없는지 확인한 후 지시를 기다리는 편이 좋다는 뜻이다.

이는 아무리 개인의 능력이 뛰어나더라도 상사의 기분이나 생각을 간파하지 못하면 직장 생활이 순탄치 않다는 뜻이다. 신입 사원이 직장 생활을 잘하기 위해서는 기본적인 예의와 눈치가 있어야 한다는 의미다. 물론 이것은 비단 신입 사원만이 지녀야 하는 덕목은 아닐 것이다. 이미 모두들 알고 있지 않은가.

노력하는 스페셜리스트가
살아남는다

입사 후 3년이 넘어서면 이제 그 분야에 대해서는 어느 정도 이해한 것이다. 이때부터는 자신의 강점을 키워 나가야 한다. 그동안 선배들이 가르쳐 주는 대로 일에 대한 숙련도를 익혀 왔다면, 이제는 그 분야의 전문가가 되기 위해 노력해야 한다. 이를 위해 다음 사항들을 가슴에 새겨 두자.

자만심을 버려라

경력만 믿고 방심하다가는 큰코다친다. 운전에 있어서도 초보 때보다는 자신감이 생기는 1년차 즈음에 사고가 많이 난다고 하지 않는가. 일도 마찬가지다. 그 분야에 대해 어느 정도 알게 되었다고 자만했다가는 낭패를 당하기 십상이다.

자기 분야에서 스페셜리스트가 되도록 노력하라

이제 초심으로 돌아가 진짜 프로페셔널이 되기 위한 공부를 해야 한다. 업무 중 자신에게 부족하다 여겼던 부분을 보충할 수 있는 교육을 받도록 하자. 대학원이나 전문 학원도 좋고, 시간이 여의치 않다면 인터넷을 이용한 교육 프로그램도 괜찮다.

네트워크를 꾸준히 재정비하라

많은 사람과의 만남을 통해 최신 트렌드의 흐름을 파악하고 대비책을 세워야 한다. 이전까지 해 오던 방식을 그대로 반복한다면 퇴보만 있을 뿐이다. 업계 사람들뿐만 아니라 다양한 분야의 사람들과 교류함으로써 인맥의 폭을 넓히고 생각의 깊이를 더하는 일도 중요하다.

정기적으로 자신의 약력을 점검하라

이직을 할 생각이 없더라도 자신의 약력은 꾸준히 관리해야 한다. 정기적으로 이력서를 새로 쓴다면 본인의 현주소를 아는 데 도움이 될 것이다. 이를 통해 부족한 부분을 채우고, 미래에 대한 구상에 구체성을 부여할 수 있다.

중 · 장기적인 경력 로드맵을 그려라

연공서열에 따라 승진을 하고 경력을 쌓던 시대는 저물어 가고 있다. 이제는 능동적인 경력 관리가 필요한 시기다. 앞으로는 실력과 성과에 따라 모든 게 좌우될 것이다. 그런 시대에 남들에게 뒤지지 않기 위해서는 체계적인 계획을 세워야 한다. 앞으로의 변화를 충분히 고려해 중 · 장기적인 목표를 세우고, 해마다 이룰 단기 목표를 세우자. 이를 위해 자신의 콘텐츠를 개발하다 보면 만족할 만한 위치에 서 있는 자신을 발견하게 될 것이다.

이직에 신중하라

이직을 하려거든 그에 합당한 이유를 댈 수 있어야 한다. 단순히 회사가 나의 능력을 알아주지 않는다든지, 사람들이 마음에 안 들어서라든지 하는 이유로 이직을 한다면 얼마 못 가 후회를 하게 된다. 이직은 단순히 연봉을 높이거나 승진을 위한 수단이 아니다. 본인이 세운 경력 로드맵에 부합하는 장래성과 만족도가 보장되어야 한다. 잦은 이직은 그 사람에 대한 신뢰도를 떨어뜨리는 결과를 낳기 때문에 좋지 않다.

비록 지금 당장
손에 쥔 것이 없더라도

태어나면서부터 모든 것을 손에 쥐고 태어나는 사람은 없다. 모두 자신이 타고난 것, 그리고 없는 것을 하나씩 개척해 나가면서 살아간다. 그 와중에 인생의 성패가 결정된다.

스물다섯이라는 나이는 비록 지금은 가진 것이 별로 없더라도, 앞으로 얼마든지 많은 것을 손에 쥘 수 있는 나이다. 졸업과 취업을 눈앞에 둔 상황이라면 다급하게 느껴질 수도 있겠으나, 앞으로 살아갈 날이 창창하다는 걸 생각하면 또 굉장히 어린 나이이기도 하다.

그래서 나는 자신의 인생을 바꾸기에 이미 늦었다고 생각하는 스물다섯 살이 있다면, 지금 당장 그 생각을 버리라고 말하고 싶다. 무엇이든 결코 늦은 것은 없으며, 중년이 다 된 나 역시 아직도 개척해 나갈 일이 굉장히 많다고 생각하기 때문이다. 나 또한 지금까지 쉼 없이 노력하며 살아온 사람이지만, 언제나 스스로에게 부족함을 느끼며 이를 채우기 위해 부단히 노력하고 있다.

오랫동안 커리어 전문 코치로 일하면서도 그 분야의 전문가로 거듭나겠다는 생각만 했을 뿐 최고라는 생각은 단 한 번도 해 본 적이 없다. 그만큼 언제나 나 자신의 부족함을 느낀다. 그래서 각종 세미나를 포함해 CEO 조찬 모임 등에 꾸준히 나가 내가 그들에게 배울 만한 새로운 콘텐츠는 없는지, 요즘 동향은 어떤지를 면밀히 살피는 것이 일상이 되었다. 학생들에게 진로에 대한 조언을 하는 입장으로서, 현재 취업 동향이나 취업 현황에 대한 현장감도 놓치지지 않고 있다.

나는 이런 과정을 통해 나만의 커리어가 서서히 성장하고 있음을 느낀다. 나를 위한 꾸준한 공부와 노력은 당장은 그 성과가 눈에 보이지 않지만, 언젠가는 꼭 보상받게 된다는 것을 믿기 때문이다.

능력이 없으면 키우면 된다

나는 요즘처럼 급변하는 상황에서 평생직장은 별 의미가 없다고 생각한다. 소수의 사람들을 제외하고는 모두 안정적인 직장을 원할 것이다. 하지만 어디서든 본인이 노력하지 않는 이상 영원한 '철밥

통’은 없다. 그렇기 때문에 앞으로 어떤 일을 선택하든 그 분야에서 꼭 필요로 하는 인재로 거듭나는 것이 절실하다.

물론 밥벌이는 중요하다. 하지만 자신의 적성과 미래를 생각지 않는 막연한 스펙 쌓기는 소중한 청춘을 낭비하는 일일 뿐이다. 돈에만 얽매이다 보면 일을 하면서 보람을 얻기는커녕 후회하고 방황하는 시간만 늘어나게 될지도 모른다.

그렇기 때문에 초반에 일을 선택하는 것부터, 그 일이 자신에게 잘 맞는지, 혹은 다른 일을 찾아야 하는지, 선택한 일에서 자기 성취와 만족을 얻기 위해 어떤 콘텐츠를 중점적으로 개발해야 하는지 등등 모든 것이 본인의 선택에 달려 있는 것이다. 단순히 돈을 벌기 위해 취업을 해야겠다고 생각한다면, 그런 생각은 일찌감치 접는 것이 정신 건강에도 좋을 것이다.

선택한 일을 꼭 하고 싶은데 그만한 능력이 없어 고민이 된다면, 지금부터라도 능력을 키우면 될 일이다. 이 책에 소개한 CEO들도 처음부터 모든 것을 갖추고 있어서 성공한 것은 아니다. 자신이 선택한 일에서 필요로 하는 콘텐츠를 파악하고, 꾸준히 개발해 왔기에 결국 성공할 수 있었던 것이다.

이 책에 소개한 CEO들은 인격적인 면에서도 본받을 점이 많지만, 모두 각자의 위치에서 열심히 노력해 놀라운 커리어를 이룩해 온 사람들이다. 모두 젊은 시절부터 자신의 콘텐츠를 부단히 발전시키며

성과를 이루어 냈다. 새우잠을 자면서도 늘 고래를 꿈꿔 결국 고래
가 된 사람들이다.

　떨어지는 낙엽을 보고도 새로운 스킬에 대한 영감을 얻는 준오헤
어의 강윤선 대표, 국내보다는 세계를 바라보는 시야를 지닌 SK경영
경제연구소의 권순엽 부사장, 수입차 시장 판매 1위의 기적을 이룬
BMW코리아의 김효준 대표, 분명한 목표를 설정하고 도전을 멈추지
않았던 한국로얄코펜하겐의 남기령 대표, 세계 공통의 기호를 읽을
줄 아는 EXR코리아의 민복기 대표, 최고의 프로페셔널로 평가받는
휴잇어소시엇츠 한국 지사의 박경미 대표, 무형의 부를 창조할 수
있는 창의력을 지닌 인터브랜드코리아의 박상훈 대표, 어떤 일이든
실행을 주저하지 않는 다이소아성산업의 박정부 대표, 조직을 이끌
수 있는 비전을 분명히 제시하는 코리아나화장품의 유상옥 회장, 커
뮤니케이션의 귀재로 통하는 서울과학종합대학원의 윤은기 총장,
내 회사라는 신념 하나만으로 30년 가까이 하이트맥주에 몸담아 온
윤종웅 현 진로 사장, 조직의 일원이 되기 위한 기본 중의 기본은 인
성이라 강조하는 KTB자산운용의 장인환 대표, 자신의 흥미를 평생
의 업으로 발전시킨 크리스탈지노믹스의 조중명 대표, 일의 가치에
경중을 둘 줄 아는 제주국제컨벤션센터의 허정옥 전임 대표, 많은
사람을 위해 헌신하겠다는 환원 정신으로 달려온 푸르덴셜생명보험
의 황우진 대표.

자신이 속해 있는 조직에서뿐만 아니라 사회, 나아가 세계에서도 인정받는 이들의 커리어에서 우리는 중요한 사실을 알 수 있다. 차근차근 역량을 쌓아 나가 결과적으로 자신이 원하는 성과를 이루어 냈다는 점이다.

이처럼 자신의 역량을 차근차근 쌓아 가는 과정을 거치면 곧 자신이 속한 조직과 사회에서 인정받고, 나아가 세계에서도 영향력을 발휘할 수 있는 인재로 거듭나게 된다. 그리고 이것이 바로 자신의 인생에 필요한 진정한 스펙 쌓기에 가장 효과적인 방법이며, 동시에 지금까지 잔뜩 움츠린 새우등을 펴고 세상이라는 넓은 바다를 자유로이 헤엄치는 고래처럼 세상을 멋지게 살아가는 방법이기도 하다.

보다 여유로운 삶을 위해, 혹은 돈을 많이 버는 직업을 얻기 위해 아무리 화려한 스펙을 쌓는다 해도, 정작 본인이 만족할 수 없는 일이라면 별 의미가 없다. 무엇보다도 본인이 좋아서 신바람나게 할 수 있는 일을 찾는 것이 가장 중요하다. 또한 이런 과정을 통해야만 무기력하게 스펙을 쌓는 것보다는 진정 자신에게 필요하고 부족한 부분, 진정한 스펙, 즉 콘텐츠를 쌓을 수 있을 것이다.

오랫동안 커리어 코치로 일해 오면서 아쉽게도 아직 한국에는 제대로 된 커리어 코칭과 전문가를 양성하는 시스템이 미비하다는 사실을 거듭 깨닫곤 한다. 한 사람의 진로를 체계적으로 관리하도록 도와주는 시스템이 아직 정착되지 않았다는 뜻이다. 그래서 이 책을 읽는 독자들에게 좀 더 체계적인 조언을 해 주어야 마땅하지만 커리어 설계라는 것이 개인마다 딱 맞는 정답이 없기에 완벽한 조언을 해 주기는 어려웠다. 하지만 '프로틴'이라는 흥미로운 개념을 이번 기회를 통해 설명할 수 있어 의미 있는 작업이었다고 생각한다.

이 책을 집필할 수 있도록 도와준 많은 분께 감사드리며 글을 마친다.

스물다섯,
새우잠을 자도 고래꿈을 꾸어라

초판 1쇄 2009년 8월 30일

지은이 | 박예진 · 신철호

발행 · 편집인 | 김상규
본부장 | 송미진
기획 · 진행 | 조한별
북에디팅 | 안지용
교정 · 교열 | 신윤덕
디자인 | 제플린 02-2277-5740

펴낸 곳 | 중앙북스(주)
주소 | 서울시 중구 순화동 2-6번지 우편번호 100-732
내용문의 | 02-2000-6115
구입문의 | 1588-0950
팩스 | 02-2000-6174
홈페이지 | www.joongangbooks.co.kr

등록 2007년 2월 13일 제2-4561호

ⓒ 박예진 · 신철호. 2009

ISBN 978-89-6188-941-4 03320

값 12,000원

400개의 차트 분석으로
'고래'가 떠오르는 타이밍을 잡아라!
고래사냥 주식투자법
이데일리ON 최다 회
'일봉, 거래량, 투자심리' 3박
9000% 상승 신화를 디
중앙books
출간 즉시
투자 · 금융
베스트셀러

중앙일보
www.joins.com

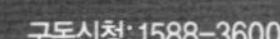
구독신청: 1588-3600

판을 바꿨다

언제 어디서나 편하게 펼치세요

뉴욕타임즈, 월스트리트저널, 르몽드처럼
알찬 정보를 비교할 수 없이 간편하게...
중앙일보를 펼치면
세상이 펼쳐집니다

중앙일보